U0132603

偶像的黃昏

或怎樣用錘子從事哲學

尼采 著　李超傑 譯　曾瑞明 導讀

商務印書館

本書所據文本為
Friedrich Nietzsche
GOETZEN-DAEMMERUNG oder Wie man mit dem Hammer philosophirt
Saemtliche Werke, Kritische Studienausgabe in 15 Einzelbaenden,
Band 6, Deutscher Taschenbuch Verlag, de Gruyter, 1988
©2016商務印書館有限公司
本書譯文由北京商務印書館有限公司授權使用。

偶像的黃昏 —— 或怎樣用錘子從事哲學

作　　者：尼　采
譯　　者：李超傑
責任編輯：黃振威
封面設計：涂　慧
出　　版：商務印書館 (香港) 有限公司
　　　　　香港筲箕灣耀興道 3 號東滙廣場 8 樓
　　　　　http://www.commercialpress.com.hk
發　　行：香港聯合書刊物流有限公司
　　　　　香港新界大埔汀麗路 36 號中華商務印刷大廈 3 字樓
印　　刷：中華商務彩色印刷有限公司
　　　　　香港新界大埔汀麗路 36 號中華商務印刷大廈 14 字樓
版　　次：2016 年 12 月第 1 版第 1 次印刷
　　　　　© 2016 商務印書館 (香港) 有限公司
　　　　　ISBN 978 962 07 6580 3
　　　　　Printed in Hong Kong
　　　　　版權所有　不得翻印

VISION

經典閱讀　思想掌舵

　　置身知識與資訊的汪洋中，讀經典讓我們站穩腳步，不輕易隨波逐流，或被浪淹吞沒，更讓我們配備方向舵及望遠鏡，省思自身，思考當前社會及世界的境況，探究問題本質，啟導未來。

　　Vision 系列叢書選收社會學、政治學、哲學、心理學、經濟學、人類學、文學等的經典傳世作品，學習前人思哲，訓練獨立思辨能力，觸類旁通。

　　假如你仍停留在只聽過經典作品的名稱，或道聽塗說的階段，還沒一窺作者開闊的視野，邀請你一起讀 Vision，讀世界。

中文版凡例

一、本書根據喬爾喬・科利（Giorgio Colli）和馬志諾・蒙提那里（Mazzino Montinari）編輯的十五卷本考訂研究版《尼采著作全集》（Friedrich Nietzsche: Saemtliche Werke, Kritische Studienausgabe in 15 Einzelbaenden, 簡稱科利版）第 6 卷譯出。

二、科利版《尼采著作全集》的"編註"集中於第 14卷，以頁碼加行號的方式進行標註。

三、原文正文及註釋中使用的縮寫或簡寫，中文版儘量翻譯為中文全稱。

關於弗里德里希・尼采

弗里德里希・尼采（1844-1900）是德國近代著名的哲學家、語言學家、音樂家、文化學者，1844 年生於德國萊比錫，父親為牧師。尼采父親早逝，有一弟一妹，而其弟亦早夭。早年尼采希望繼承父業，長大後擔任牧師一職，因此對聖經詩歌有強烈興趣，經常朗誦詩歌章節。另外，他又認識了一些音樂家，開展了他對音樂的興趣。後在中學接受希臘和古羅馬文學教育。

尼采先後在波恩大學和萊比錫大學就讀。在這期間，他將研究重心由神學轉移至哲學，因為學殖深厚，很快便受到老師輩的重視。大概在二十多歲的時候，尼采曾在軍隊服役一年，惟因一次交通意外，他受了傷，無法再在軍隊中服役。尼采繼續埋首學術研究，稍後認識理察・華格納。

25 歲以後的十年歲月，尼采在瑞士的巴塞爾大學任教古典哲學。1870 至 1871 年間尼采參加了普魯士的軍隊。再次親歷戰爭令他對哲學有新的見解。他亦在戰爭中染病。

回到瑞士以後，尼采繼續其學術研究，但因其立論和治學方式較為前衛，不為時人所接受。經過長時期思想的沉澱，尼采公開揚棄叔本華等的哲學。

在個人方面，尼采自幼受着不同疾病的折磨。在巴塞爾大學任教期間，其病狀有增無減，結果令他無法應付日常教學工作，最後終於辭了教席，專心靜養。

離開大學以後，尼采為了尋找合適的休養地，遊歷了許多地方。這時他已失業，僅靠大學提供的退休金和朋友接濟度日。個人種種遭遇和長期病患令尼采精神不穩，但正是在這種情況之下，尼采以驚人的速度完成了一部又一部的傳世之作。這些作品，因為與當時的思想主流格格不入，並未受到應得的重視。

以後尼采長期處於精神失常狀態，無法自理生活。1900 年，尼采因肺炎去世。

尼采的哲學著作獨樹一幟，相當前衛，重要著作有《悲劇的誕生》、《人性的，太人性的》、《查拉圖斯特拉如是說》、《善惡的彼岸》以及《偶像的黃昏──或怎樣用錘子從事哲學》等。我們未必完全同意其見解，但不得不佩服其立論之恢宏和過人的思想透析力。

導讀：理性不一定是思考

《偶像的黃昏 —— 或怎樣用錘子從事哲學》是德國哲學家尼采一本介紹自己哲學思想的小冊子，據說他只花了一星期就寫完了。這本書寫於 1888 年，是屬他仍 " 清醒 " 時期的作品。副題 " 或怎樣用錘子從事哲學 " 預示了這本書的終極目的：用錘子敲打尼采心目中必須落幕的哲學偶像，透過錘打，這些 " 偶像 " 的空洞會在曠野被聽見⋯⋯

這本書沒有清晰的體系，題目也好像是東拼西湊，甚麼〈格言與箭〉、〈四大謬誤〉、〈錘子之言〉等等，令人摸不着頭腦。但書中有不少警語，為人津津樂道，比如 " 你想同行？還是先行？還是獨行？⋯⋯為了能夠有所慾求，人們必須知道他們想要甚麼。—— 第四個良心問題。"、" 道德：人們必須向道德開火。"、" 來自生活的軍校 —— 沒能殺死我的東西，使我更加強健。" 也許，這才是本書最能吸引一般讀者的地方。

其實，尼采這樣書寫，背後有深刻的根據。他認為，警句和格言是永恆的形式，他甚至稱自己是這方面的大師！不過重點更在於他對體系哲學的輕蔑和批判。他認為體系哲學並不是真實的思考，只是蒼白的概念集合。如果一個國家歌頌這種哲學，是衰敗文化的徵兆。

所以，深刻的書並不一定要是一本大書，一本學究書、一本理性分析的書。尼采說："我的野心是：用十句話說出其他人用一本書說出的東西，── 說出其他人用一本書也說不出的東西………"

尼采認為高舉"理性"，不一定是思考。思和我們的身體、肉身和生命不能割裂。割裂了，就沒有思考的力。偏偏，尼采面對的主流哲學就是康德哲學，他稱之為"哥尼斯堡式的"、甚至說康德是"畸形的概念殘疾人"。由蘇格拉底、柏拉圖到康德的哲學，都否定感官、否定生成、擺脫歷史、擺脫謊言（別忽略謊言對生命的重要性！）。但對於尼采來說，這種哲學家其實是叫人們做木乃伊，否定生命。他們好像是否定我們這個虛假的世界，追求真實的本體世界，但其實是將所有東西都否定，是虛無主義。

柏拉圖會面紅嗎？我們已忘了柏拉圖是一個人吧，只記得他的理論。哲學家和他的思想割裂了？蘇格拉底是一個願意為真理而赴死的聖哲？不會是他自己尋死吧？熱愛生命的人會這樣將真理和生命對立嗎？

尼采說："只有散步時的思想才有價值。"他甚至把思想比擬成舞蹈，認為它是一門手藝。他問我們是否知道"精神性事物中輕快的足帶進每一塊肌肉的那種奇妙的震顫。"思和身體應用一種聯繫，我們不只用筆思考，還用筆跳舞。思應是充實生命的一種活動。

　　尼采對思考和思想的看法，在當時可說是另樹新風……不過，如果我們順着他的思路去想今天的哲學，我們的得着會更大。哲學是文化精神的體現，有怎樣的文化就有怎樣的哲學。今天的哲學，甚至不是體系，而是繁瑣、技術性、"細眉細眼"的學術期刊文章當道。學者終其一生，就是做這種模仿科學的哲學工藝，甚至是成了營生的工具？哲學家／工匠如何能用這種文章帶領整個文化去思、去想，去充實生命？今天這些尼采式的發問可能仍滿肚子不合時宜，卻又那麼振聾發聵！

目　錄

前言

　　在面臨一個晦暗不明、責任重大的事情時，保持其心情愉快決不是一種微不足道的技巧。然而，還有甚麼比心情愉快更為必要的呢？沒有縱情歡樂的成分，一事無成。力的滿溢才是力的證明。—— **重新評估一切價值**，這個問號如此濃重醒目，以致把陰影投在了畫出問號的人身上。負有如此使命的命運時刻迫使他跑到陽光下，抖掉身上變得沉重的、過於沉重的嚴肅。對於這樣的使命來說，任何手段都是正當的，任何"事件"都是一件幸事，特別是**戰爭**。戰爭曾經始終是所有過於內向、過於深沉的精神的偉大智慧。甚至在傷害中也有療效。長久以來，下面這句格言一直是我的座右銘，我向博學的好奇心隱瞞了它的出處。

　　生氣藉創傷增加，活力藉創傷增長（Increscunt animi, virescit volnere virtus）[1]

　　對我來説，可能另一種更好的康復是**探聽偶像的底細**……世上偶像多於現實。這是我用來看這個世界的"惡毒的眼光"，也是我用來聽這個世界的"惡毒的耳朵"。在此，一旦用錘子進行提問，也許人們聽到的答覆就是從腫脹的內臟中發出的那種著名的沉濁之音。對於一個耳後有耳的人來說，這是何等的樂事啊。在我這個老心理學家和捕鼠者面前，恰恰是那想保持沉默的東西，**必須發出聲響**……[2]

這本書 —— 題名已經表明[3] —— 首先也是一種康復，一個太陽黑子，是轉向一個心理學家的閒蕩。也許還是一場新的戰爭？……而且要探聽的是新偶像的底細？[4]這本小書是一個**偉大的宣戰**；這裏所説的探聽偶像的底細，指的不是時代的偶像，而是**永恆的偶像**。在此，就像用音叉觸動這些偶像一樣，我們要用錘子觸動它們。決沒有比這些偶像更古老、更令人信服、更膨脹的了……也沒有比它們更空洞了……這不妨礙它們成為**最被人們信奉的**東西；也有人説，特別是在最重要的場合，根本就沒有甚麼偶像……

1888 年 9 月 30 日於都靈[5]，《重新評估一切價值》第一卷完稿之日。

弗里德里希・尼采

註釋

1 出自羅馬編年史家安提阿斯（Furius Antias，公元前一世紀）的名句，引自羅馬作家格利烏斯（Aulus Gellius，約 130–170），文集 18，11，4。

2 對於一個心理學家來說，特別是如果他根本上［不過］是一個老音樂家，WII 8, 134。

3 像《瓦格納事件》，WII 8, 134。

4 諸神再次被推翻，WII 8, 134。

5 都靈（Turin）：意大利古城，皮埃蒙特區的首府。1889 年初，尼采就是在這裏精神失常的。

格言與箭 [1]

1

閒蕩乃一切心理學之始。怎麼？心理學是一種——惡習？[2]

2

甚至我們中間的最勇敢者，對於他本來**知道**的東西也難得有勇氣……

3

要想單獨生活，人就必須是動物或者神——亞里士多德如是説 [3]。沒有提到第三種情況：人必須既是動物又是神——**哲學家**……

4

"一切真理都是簡單的。" [4] 這不是一個雙重謊言嗎？——

5

我總是希望**不要**知道得太多。——智慧也為認識劃了界。

6

一個人在其野性中可以最好地從其做作和教養中復原……[5]

7

怎麼？人只是上帝的一個失策？或者，上帝只是人[6]的一個失策？——

8

來自生活的軍校。——沒能殺死我的東西，使我更加強健。[7]

9

你自助：就會人人助你。博愛的原則。

10

對於自己的行為不要膽怯！事後不應置自己的行為於不顧！——良心譴責是猥褻的。

11

一頭驢會是悲劇性的嗎？—— 人會在一種既不能承載、又不能卸去的重負下毀滅嗎？……哲學家的 [8] 情形。

12

如果一個人得到了其生命的**為何**，那麼，他就差不多能夠處理一切**如何**了？—— 人並不追求幸福。只有英國人才這麼做。

13

男人創造了女人 —— 用甚麼材料創造的呢？用他的上帝 —— 即他的"理想" —— 的一根肋骨……[9]

14

甚麼？你在尋找？你想使自己增加十倍、增加一百倍？你在尋找信徒？—— 去尋找零吧！—— [10]

15

與合乎時宜的人相比，不合時宜者 —— 比如我 —— 受到較差的理解，卻得到更好的**傾聽**。嚴格説來，我們決不能被理解 —— 我們的權威即**由此而來**……[11]

16

在**女人**中間。"真理？啊，您不認識真理！難道它不是對我們全部羞恥心（pudeurs）的謀殺嗎？"——

17

這是一個在需求上有節制的藝術家，也是我所喜歡的藝術家：他實際上只要兩樣東西：他的麵包和他的藝術，——panem et Circen。

18

不知道將其意志置入事物之中的人，至少為這些事物置入了一種**意義**。就是説，他相信：一個意志已經在它們之中了（"信仰"的原則）。

19

怎麼？你們一方面選擇了美德和寬宏大量，一方面又用妒嫉的眼光盯着無憂無慮之人的利益？——但具有美德的人會**放棄**"利益"……（這是寫在一個反閃族人房門上的話）

20

十足的女人從事文學，其情形就像一個人在犯一個小

小的罪時一樣：其行為是試探性的、順便和左顧右盼的，
想知道是否有人注意她，從而使得有人注意她……[12]

21

置身於嘈雜的環境中，在那裏人們不可能有任何虛假
美德；在那裏更像踩鋼絲者站在他的鋼絲上一樣，或是跌
落，或是站住 ── 或是逃脫……[13]

22

"惡人是無歌的。"[14] 俄羅斯人為甚麼卻有歌呢？

23

"德國精神"，18 年以來[15]，這是一個用詞上的矛盾
（contradictio in adjecto）。

24

為了尋求開端，人變成了螃蟹。歷史學家向後看；最
終他也就**相信**後面的東西了。

25

心滿意足甚至會使人免於感冒。可曾有一個自知穿
戴整齊的女人感冒過？ ── 我假定的是這樣一種情況：

她幾乎一絲不掛。

26

我不相信任何體系的構造者，因而迴避他們。求體系的意志意味着缺乏誠實。

27

人們認為女人深刻 —— 為甚麼？因為人們從未徹底研究過女人。[16] 女人還從來未曾淺顯過。

28

如果女人具有男人的美德，那麼，她會讓人無法忍受；如果她沒有男人的美德，她又無法忍受自己。

29

"以前，良心要啃多少東西呀！它曾有着多麼好的牙齒啊！—— 可是現在呢？這些牙齒怎麼沒了？"一個牙醫的問題。

30

人們很少只犯一次輕率。在第一次輕率中，人們總是做得太多。正因如此，他們往往又犯第二次 —— 現在，他們做得又太少⋯⋯

31

被踩的蟲子蜷縮起來。所以，牠是聰明的。這樣，牠就減少了再被踩的可能性。用道德的語言說：**謙恭**。──

32

有人出於敏感的榮譽感而痛恨謊言和偽善；有人則由於怯懦而痛恨謊言和偽善，因為謊言是被神聖的戒律所禁止的。太怯懦，以致不敢撒謊⋯⋯

33

幸福所需要的是多麼少啊！[17] 一支風笛的聲音。── 沒有音樂，生活將會是一個錯誤。[18] 德國人想像：甚至上帝也是唱歌的。[19]

34

只有在坐着的時候，[20] 人們才能思考和寫作（on ne peut penser et écrire qu'assis）（G・福樓拜語）。── 這樣，我就找到了你，虛無主義者！這種久坐恰恰是反對神聖精神的罪惡。只有**散步**時的思想才有價值。

35

有這樣的情形：我們心理學家就像馬一樣陷入不安之中：我們看到自己的影子在我們面前上下晃動。為了看見任何東西，心理學家必須忽略**自己**。[21]

36

我們[22]非道德主義者是否給美德造成了**傷害**？——與無政府主義者給王公貴族造成的傷害一樣少。只有在後者被擊中之後，他們才能重新穩固地坐在自己的王位之上。道德：**人們必須向道德開火**。[23]

37[24]

你跑在**前面**？——你是作為牧人這樣做的嗎？還是作為例外？第三種情況是逃亡者……**第一個**良心問題。

38

你是真實的嗎？還是僅僅是一個演員？是一個代表？還是被代表的東西本身？——最後，你也許完全是一個冒牌的演員……**第二個**良心問題。

39

失望者如是說。——我尋求偉人，但我發現的始終僅僅是偉人理想的**猴子**。

40

你是一個旁觀者？還是一個動手者？—— 或者是一個掉轉目光的迴避者？……**第三個**良心問題。

41

你想同行？還是先行？還是獨行？……為了能夠有所欲求，人們必須知道他們想要**甚麼**。——**第四個**良心問題。[25]

42

這些曾是我的梯級，我拾級而上，—— 為此，我必須穿過它們。而它們卻覺得，我想停留在它們上面，止步不前……

43

我保留權利！這有何妨！我有着太多的權利。——誰今天笑得最好，誰也就能笑到最後。

44

我的幸福公式：一個"是"，一個"否"，一條直線，一個**目標**……[26]

註釋

1　該部分參看《格言集》，科利版第 13 卷，15［118］。

2　參看科利版第 9 卷，12 [7.121]；第 13 卷，11［107］。

3　參看《政治學》，1253a 29。

4　參看叔本華："簡單是真的標誌"（Simplex sigillum veri）。

5　參看科利版第 13 卷，11［296］，摘自《龔古爾兄弟日記》I，292。

6　WII 3，184；WII 7，154。參看科利版第 12 卷，12，9 [72]。

7　參看《瞧！這個人》，"我為甚麼如此智慧"第 2 節。

8　出自"卡萊爾的"，Mp XVI 4。

9　WII 3，9 開頭：女人，"永恆的女性"：一種只有男人才相信的純粹虛構的價值。參看科利版第 13 卷，11［296］：男人製造了女人，並且把他的全部詩意賦予了她……加瓦尼（Gavarni）。摘自《龔古爾兄弟日記》，巴黎 1887，I，283："談話轉向了女人。在他看來，男人製造了女人並且把他的全部詩意賦予了她。"

10　WII 3，85：為了使他的力量增加十倍，人知道他需要甚麼：零。在正文的旁邊（WII 3，84）是摘自《龔古爾兄弟日記》，I，387：為了把他們的價值增加十倍，他們去尋找零。參看科利版第 13 卷，11［296］。

11　來自權威！（因為理解即是勢均力敵……）WII 3，184。

12　參看科利版第 13 卷，11 [59]；Mp XVI 4 結尾：她知道，對於十足的女人來説，一個腐爛的 [小] 褐斑 [褐色的腐爛] 是多麼合適。

13　由尼采取自一個較長的殘篇，存於筆記本 WII 6 "強者的苦行" 的標題之下；參看科利版第 13 卷，13，15，[117]。

14　諺語式的成語，出自德國詩人索伊默（J.G. Seume，1763-1810）的詩 "頌歌"；該格言也由尼采取自一個較長的殘篇（Mp XVI 4），參看科利版第 13 卷，18 [9]。

15　即自從 1871 年帝國成立以來。

16　研究。但女人根本就沒有底，她是漏水的桶。Mp XVI 4；WII 3，

70。也出自《龔古爾兄弟日記》中加瓦尼的格言，I，325："我們問他，他是否曾經理解過一個女人？ —— 女人完全是不可琢磨的，不是因為她深奧，而是因為她空洞！"

17　參看《查拉圖斯特拉如是說》第四部，"日午"。

18　參看 1888 年 1 月 15 日致彼得・加斯特的信。

19　參看德國詩人阿恩特（Ernst Moritz Arndt，1769-1860）的詩篇"德意志祖國"（1813 年）："在有德國語言響起的地方／天上的上帝就會歌唱"。

20　參看莫泊桑為《福樓拜致喬治・桑的信》所寫的前言，巴黎 1884，III，BN。

21　出自：因此，人們必須把自己引向太陽，朝着太陽。Mp XVI 4。

22　出自：這些，付印手稿。

23　參看科利版第 12 卷，10［107］。

24　第 37、38、40 節參看科利版第 12 卷，10［145］；第 13 卷，11［1］。

25　參看科利版第 13 卷，11［1］。

26　參看《敵基督者》第 1 節末尾。

蘇格拉底的問題 [1]

1

對於生命，歷代最智慧的人都作出了同樣的判斷：**它毫無用處**……無論何時，無論何地，人們從他們的口中聽到的都是同樣的聲音，—— 一個充滿懷疑、充滿憂鬱、充滿對生命的厭倦、充滿對生命的反對的聲音。甚至在臨死前，蘇格拉底還説："生命 —— 這意味着長久的病痛。我欠拯救者阿斯克勒庇奧斯 [2] 一隻公雞。" [3] 就連蘇格拉底都已經厭倦了生命。—— **這證明了甚麼**？這指向何處？從前，人們會説（啊，人們的確這樣説過，而且，聲音足夠大，領頭的是我們的悲觀主義者！）："無論如何，這裏必定有某種真實的東西！智者的一致（consensus sapientium）證明了真理。" —— 今天，我們還會這樣説嗎？我們可以這樣説嗎？"無論如何，這裏必定有某種病態的東西" —— **我們**給出了這樣的回答。這些歷代最智慧的人 [4]，人們應當首先近距離地觀察他們！也許他們全都站不穩了？過時了？搖搖欲墜了？頹廢了（décadents）？也許智慧就像烏鴉一樣出現在世界上，稍許的腐敗氣味就

會令其興奮不已？……⁵

2

　　有學問的和無學問的偏見都最為激烈地與他們相對立，恰恰是在這樣的情況下，我自己才首次理解了下述不敬之詞：偉大的聖哲是**衰敗類型**。我認為蘇格拉底和柏拉圖是衰敗的症候，是希臘解體的工具，是偽希臘人，反希臘人（《悲劇的誕生》1872）。那個**智者的一致** ── 對於這個概念，我是理解得越來越好了 ── 根本不能證明：由於他們在某事上意見一致，所以他們就是正確的。毋寧說，這種一致證明了：他們自己，即這些最智慧的人在**生理上**達成了某種一致，旨在以同樣的方式否定生命，── **必須否定生命**。最終，關於生命的判斷、價值判斷，無論是肯定還是否定，決不可能是真實的。它們僅僅作為症候才有價值，它們僅僅作為症候被考慮，── 就其本身而言，這些判斷愚蠢至極。⁶ 人們必須竭盡全力地嘗試着把握這樣一種令人驚異的微妙思想：**生命的價值是不能被評估的**。不能被一個活人評估，因為這樣一個當事人甚至是爭論的物件，而不是法官。出於另外一種原因，也不能被一個死人評估。── 對一個哲學家來説，在生命價值中看到一個問題，這始終是對他的一種反對之聲，是給他的智慧打上的一個問號，是一種不明智。── 怎麼？所有這些偉大的聖哲 ── 他們不僅是頹廢的，而且是不明智的？ —— 但我還是回到蘇格拉底的問題上來吧。

3

按照他的出身，蘇格拉底屬於最低微的人群：蘇格拉底是庶民。人們知道，人們甚至還看到，他是多麼醜陋。但醜陋本身是一種異議，在希臘人中間幾乎是一個反證。蘇格拉底到底是一個希臘人嗎？醜陋往往表明了一種雜交的並且通過雜交而**受到阻礙**的發展。在其他的情況下，它表現為**衰敗**的發展。犯罪偵查學家中的人類學家告訴我們，典型的罪犯是醜陋的：外貌的畸形，意味着精神的畸形（monstrum in fronte, monstrum in animo）。但罪犯是一個頹廢者。蘇格拉底是一個典型的罪犯嗎？ —— 至少那個著名觀相家的判斷與此並不矛盾，當然，對蘇格拉底的朋友們來說，這個判斷聽起來是非常無禮的。當一個善於觀相的異邦人經過雅典時，他當面對蘇格拉底說：他是個怪物， —— 他身上隱藏着一切邪惡的習慣和慾望。而蘇格拉底只是回答說："先生，您是了解我的。" —— [7]

4

不僅已經得到承認的本能中的放蕩和無序，而且極度發達的邏輯能力以及他所特有的那種**佝僂病患者的惡毒**，都預示着蘇格拉底的頹廢。我們也不要忘記那些聽覺上的幻覺，作為"蘇格拉底的守護神"[8]，它們被賦予了宗教的解釋。在他身上，一切都是誇張的、滑稽的（buffo），都是一幅漫畫，同時，一切又都是隱蔽的、私密的和地下的。——我試圖領悟，那個蘇格拉底的等式即理性＝美德＝幸福源於何種特異反應。這個世上最奇特的等式，尤其與古希臘人的全部本能相對立。[9]

5 [10]

通過蘇格拉底，希臘人的趣味轉向了辯證法。當時到底發生了甚麼？首先，借助於辯證法，一種**高貴的**趣味被戰勝了；庶民通過辯證法取得了勝利。在蘇格拉底之前，辯證的方法是被良好社會所拒絕的：它們被認為是壞的方法，是使人出醜的方法。人們警告年輕人提防這些方法。人們也不相信一個人申述自己理由的整個行為方式。和正直的人一樣，正直的事物並不這樣把自己的理由拿在手裏。把全部理由都擺出來，這是不正派的。必須首先加以證明的東西，沒有多少價值。無論何處，只要權威屬於好的風尚，只要人們不是"申述理由"，而是"頒佈命令"，辯證法家就是一種丑角：人們嘲笑他，不會嚴肅地對待他。——蘇格拉底是一個**令人嚴肅對待**的丑角，當時到底發生了甚麼？——

6

人們只有在別無其他辦法時才會選擇辯證法。他們知道，辯證法會引起別人對他們的不信任，它沒有多少說服力。沒有甚麼比一個辯證法家的影響更容易清除的了，每一次有演講的集會的經驗都證實了這一點。它只能是手中再沒有其他武器的人用以自衛的手段。在使用辯證法之前，人們必須**強行獲得**自己的權利。因此，猶太人是辯證法家，列那狐[11]是辯證法家，怎麼？蘇格拉底也是？——

7

—— 蘇格拉底的譏諷是暴亂的表現？是庶民怨恨的表現？他作為被壓迫者在三段論的刀傷中享受他自己的殘忍？他在向被他迷惑的高貴者復仇？—— 作為辯證法家，人們的手中握有一件無情的工具；他們可以借此成為暴君；他們通過自己的勝利令人出醜。辯證法家讓他的對手證明自己不是白癡：他激怒對手，同時又使對手不知所措。辯證法家**削弱**其對手的理智。—— 怎麼？在蘇格拉底那裏，辯證法僅僅是一種**復仇**的形式？

8

我已經表明，蘇格拉底為甚麼會令人反感。現在需要加以說明的，是他頗具迷惑力。—— 他發明了一種新的**競賽**方式，從而成了雅典貴族圈子中的首位擊劍大師，這就是一種迷惑。他通過挑起希臘人的競賽衝動來迷惑他們，—— 他把一個變種帶入青年男子與少年之間的角力之中。蘇格拉底還是一個**好色之徒**。

9

但蘇格拉底猜到了更多的東西。他看**透**了他的高貴的雅典人。他知道，**他的**病例，他的病例的特異反應，已經不是甚麼例外情況。同樣種類的衰退正悄悄地四處醞釀：古老的雅典已經走到盡頭。—— 蘇格拉底明白，全世界都**需要**他，—— 需要他的方法，他的治療，他那自我保存的獨門絕技……無論何處，本能都處於混亂狀態；無論何處，人們距放縱僅僅一步之遙：精神的畸形（monstrum in animo）成了一種普遍的危險。"本能想成為暴君；人們必須發明一個更強的**與之抗衡的暴君**"……當那位觀相家揭穿蘇格拉底的真相，説他是一切邪惡慾望的藏身之所時，這位偉大的譏諷家還宣佈了一句話，為人們提供了理解他的鑰匙。他説："的確如此，但我可以控制這一切。"蘇格拉底是**如何控制自己**的呢？—— 從根本上説，在當時已經開始的普遍困境中，他的病例只是一個最為引人注目的極端病例：再也沒有人能夠控制自己，各種本能相互敵對。他作為這種極端病例施展迷惑力 —— 他那令人恐懼的醜陋使其異常醒目。當然，作為答案，作為解決辦法，作為這個病例已獲**治療**的假像，他會施展更大的迷惑力。

10

如果人們需要像蘇格拉底所做的那樣，使**理性**成為暴君，那麼，某種別的東西成為暴君的危險一定不小。當時，理性被猜想為**救世主**，無論蘇格拉底還是他的"病人"，都不能隨意地成為有理性的，——這是社交禮節上所需要的（de rigueur），對他們來說，這是**最後的**法寶。整個希臘的沉思都狂熱地轉向理性，這表明了一種困境：人們處於危險之中，他們只有一種選擇：或者走向毀滅，或者——成為**可笑的有理性的人**……從柏拉圖開始，希臘哲人的道德主義都是有病理根源的；他們對辯證法的敬重亦然。理性＝美德＝幸福，這僅僅意味着：人們必須像蘇格拉底那樣，製造一個永久性的**白晝**——理性的白晝——用以對抗黑暗的慾望。人們無論如何都必須是明智的、清楚的、清醒的：跟隨本能、跟隨無意識會導致**衰退**……

11

我已經表明，蘇格拉底是如何施展迷惑力的：他彷彿是一個醫生，一個救世主。還有必要揭示他對"不惜任何代價的理性"的信仰中所包含的錯誤嗎？——就哲學家和道德學家來說，他們在與頹廢作戰，因而他們已經走出了頹廢，這是一種自我欺騙。他們沒有能力走出頹廢：他

們作為手段、作為拯救所選取的東西本身仍然只是頹廢的
一種表現 —— 他們**改變**了頹廢的表現形式，卻沒有清除
頹廢本身。蘇格拉底是一種誤解；**整個改善性道德，包括
基督教道德，都是一種誤解**……刺眼的白晝，不惜任何代
價的理性，清醒的、冷靜的、謹慎的、有意識的、無本能
的、反對本能的生活本身只是一種疾病，另一種疾病 ——
完全不是通往"美德"、"健康"和幸福的歸途……**必須**克
服本能 —— 這是**頹廢**的公式：只要生命在**上升**，幸福就
等於本能。——

12

　　—— 這個一切自欺者中最聰明的人，他自己明白這
一點嗎？他最後在勇敢赴死的**智慧**中向自己說出了這番
道理嗎？……蘇格拉底**想死**：—— 不是雅典人，而是他
給自己遞上了盛有毒藥的酒杯，他迫使雅典人為他遞上盛
有毒藥的酒杯……"蘇格拉底不是醫生"，他輕聲地對自
己說："在此，只有死亡才是醫生……蘇格拉底自己只是
長久地患了病……"

註釋

1　作為問題的蘇格拉底，Mp XVI 4；按照關於《權力意志》的一個寫作計劃，"作為頹廢的哲學"一章應當始於一篇這樣的論文；參看科利版第 13 卷，15 [5]。

2　阿斯克勒庇奧斯：希臘神話中的醫藥之神。

3　柏拉圖：《斐多篇》，118a。

4　根據歌德的《科夫塔之歌》；在《人性的，太人性的》第 110 節也曾引用。

5　WII 5，50；WII 5，51。

6　關於生命的判斷，無論是肯定還是否定，對於我們具有症候的價值；除了作為症候之外，它們對我們不具有任何其他的用處。[就其本身而言，對生命進行審判，從生者的角度看來意味着一種愚蠢，而從死者的角度看來則是一個[無法解釋的] 難以解釋的技藝] 就其本身而言，這些價值判斷愚蠢至極。WII 5，51。

7　參看西塞羅：《圖斯庫盧姆談話錄》，第四卷，37，80；引自利希滕貝格（G. Chr. Lichtenberg）的《觀相術》，見《雜文集》，哥廷根 1867，4，31，BN。

8　參看柏拉圖：《申辯篇》，31d。

9　相對立。（古老的等式是：美德＝本能＝基本的無意識）Mp XVI 4。

10　關於第 5-7 節，筆記本 WII 5 有與此相關的兩個文本：較晚的一個——WII 5，109——與這幾段的最終文本沒有本質上的差別；較早的一個在第 109 頁。

11　列那狐（Reinecke Fuchs）：諷刺當時人類社會的幾部中世紀動物故事組詩中的主角，歌德將之改寫成德語敘事詩《列那狐》。

哲學中的"理性"[1]

1

您問我哲學家身上都有哪些特異反應？……例如，他們缺乏歷史感，他們痛恨生成的觀念本身，他們的埃及主義。他們以為，當他們非歷史地、從永恆的觀點（sub specie aeterni）看待一個事物時，—— 當他們把該事物製作成一個木乃伊時，他們是在向這個事物表示**敬意**。幾千年以來，哲學家所處理的一切，都是概念木乃伊；沒有任何真實的東西活着逃離他們的魔爪。當他們表示敬慕時，這些崇拜概念偶像的先生們實際上是在宰殺，是在剝制，—— 當他們表示敬慕時，他們把一切事物都變成了有生命危險的東西。死亡、變化、衰老以及產生和增長，對他們來說都是異議，—— 甚至是反駁。存在者不**變化**，變化者不**存在**……他們全都相信 —— 甚至帶着絕望 —— 存在者。但是，由於他們沒有獲得存在者，於是，他們便尋找它被隱瞞的原因。"我們之所以知覺不到存在者，這一定是由於存在着一種假像，一種騙局。騙子隱藏在哪兒呢？""我們發現它了"，他們欣喜若狂地喊道："這就是感性！這些感官（**此外，它們也是極為不道德的**），它們在真實世界的問題上欺騙了我們。道德：擺脫感官欺騙，擺脫生成，擺脫歷史，擺脫謊言，——歷史只不過是對感官的信仰，對謊言的信仰。道德：否定一切相信感官的人，否定所有其他人類成員：他們全是'大眾'。做哲學家吧，做木乃伊吧，用掘墓人的表情表現單調的有神論吧！——特別是要遠離肉體，這個令人憐憫的感官的固執想法（idée fixe）！它包含了所有的邏輯錯誤，是被駁倒了的、甚至是不可能的，雖然它狂妄地作為真實的東西行動着！"……

2

我懷着崇高的敬意把**赫拉克利特**的名字與其他人分開。其他的哲學家群體拒絕感官的證詞，因為感官顯示了多樣性和變化；他拒絕感官的證詞，則是因為它們這樣顯示事物：彷彿這些事物具有持存和統一性似的。赫拉克利特同樣沒有公正地對待感官。感官既沒有以愛利亞學派所設想的方式，也沒有以他所認為的方式撒謊，——它們根本就不撒謊。我們用它們的證詞所**製造**的東西，才把謊言放了進去，譬如統一性的謊言，物性、實體和持存的謊言……[2] "理性"是我們偽造感官證詞的根源。只要感官顯示生成、消逝和變化，它們就沒有撒謊……但赫拉克利特的下述說法將始終是正確的：存在是一個空洞的虛構。"虛假的"世界是唯一的世界，"真實的世界"僅僅是**謊言虛構出來的**……

3

—— 在我們的感官中我們擁有多麼精細的觀察工具呀！譬如，還沒有哪位哲學家心懷敬意和感激地談論過的這個鼻子，目前甚至是聽候我們吩咐的最微小的工具：它可以確定甚至連分光鏡也不能確定的運動的微小差別。今天，我們恰恰是到這樣的程度才算擁有科學：當我們下決心**接受**感官的證詞時。—— 當我們學會增強它們，武裝它們，徹底地思考它們時。其餘的都是怪胎，尚不是科學：我要說的是形而上學、神學、心理學和知識論。**或者**是形式科學和符號學說：如邏輯學和應用邏輯學即數學。在它們那裏，現實性從來都沒有作為問題出現過；同樣，像邏輯學這樣一種符號約定究竟有何價值的問題，也從來沒有出現過。

4

哲學家們的**另一個**特異反應同樣危險，那就是混淆始末。他們把最後出現的東西 —— 可惜！因為它根本就不該出現 —— 設定為"最高的概念"，就是說，最普遍、最空洞的概念，把蒸發中的現實的最後煙霧[3]**作為**開端放置到最初。這只不過又一次表現了他們那種敬慕方式：

較高的東西不應當從較低的東西中生長出來，根本就不**應當生長**……道德：一切頭等的事物必須是自因（causa sui）。來源於某個他物被視為異議，被視為對價值的質疑。一切至高的價值都是頭等的，一切最高的概念——存在者、絕對、善、真、完滿——都不可能生成，因而**必定**是自因。而所有這一切又不能彼此不一致，不能彼此相矛盾……由此他們獲得了那驚人的"上帝"概念……最後的、最稀薄的、最空洞的東西被設置為最初的東西，被設置為原因本身，被設置為最真實的實體（ens realissimum）……人類必須認真對待生病的結網蜘蛛所患的那種腦疾！——人類已經為此付出了昂貴的代價！……

5

——與此相反，我們最終要提出，**我們**（我客氣地說我們……）是以怎樣不同的方式看待錯誤和虛假性問題的。以前，人們把變化、交替和生成通通視為虛假性的證明，視為一種標記：一定有某種迷惑我們的東西存在。相反，今天我們則看到：理性偏見強制我們提出了統一性、同一性、持存、實體、原因、物性和存在，在一定程度上使我們陷入錯誤之中，**迫使**我們犯錯。根據一種嚴格的核算，我們可以非常肯定：錯誤就在於此。其情形與巨大天體的運動類似：在天體運行中，為錯誤作持久辯護的是我們的眼睛，而在這裏，是我們的**語言**為錯誤做持久的辯護。從起源上說，語言屬於心理學最萎縮的時代：當我們意識到語言形而上學的基本假設 —— 用德語說就是**理性**（Vernunft）—— 時，我們就進入了一種嚴重的崇拜活動之中。它舉目所見，皆為行為者和行為：它相信作為原因的意志，相信"我"，相信作為存在的我，相信作為實體的我，它把對於我—實體的信仰投射到所有事物上去 —— 它就是這樣第一次**創造**了"物"的概念……存在處處被思考為、**調換**為原因。從"我"的概念中才產生出、派生出"存在"的概念……一開始，就為錯誤的巨大厄運籠罩着：意志是某種**起作用**的東西，—— 意志是一種能力……今天，我們知道，它只不過是一個詞……很久以後，在一個開明一千倍的世界中，哲學家們驚喜地意識到了理性範疇操作中的**確定性**和主觀**可靠性**。他們得出結論：這種確定性和可靠性不可能源自經驗，—— 全部經驗甚至與它們相矛盾。**那麼，它們從何而來？** —— 無論在印度，還是在希臘，人們都犯了同樣的錯誤："我們一定曾經熟悉一個更高的世界（而不是**一個低得多的世界**：那會是怎樣的真理呀！），我們一定是神聖的，**因為我們擁有理性！**"……實際上，迄今為止，任何東西都沒有存在的錯誤具有更為素樸的說服力，例如愛利亞派所形成的存在的錯誤：甚至我們說出的每個詞、每個句子都在為它作辯護！—— 愛利亞派的反對者也受到了其存在概念的誘

惑：當他發明他的原子的時候，德謨克利特便是其中一例
……語言中的"理性"：一個多麼富於欺詐的老嫗啊！我
擔心我們擺脫不了上帝，因為我們還相信語法……[4]

6

如果我把一個如此根本、如此新穎的認識概括為四
個命題，人們將會對我表示感謝。我借此幫助人們理解這
種新認識，也向相反的認識提出挑戰。

第一個命題：認為"此岸"世界是虛假的那些理由，
毋寧說證明了"此岸"世界的實在性，——**另**一種實在性
是絕對無法證明的。

第二個命題：人們賦予事物之"真實的存在"的那些
特徵，是非存在的特徵，無的特徵，——人們是通過反
對現實世界建構"真實的世界"的：由於它純粹是一種**道
德—視覺**假像，因而，實際上是一個虛假的世界。

第三個命題：虛構一個與"此岸"世界不同的"彼岸"
世界是毫無意義的，只要我們身上誹謗、輕視、懷疑生命
的本能並不強大。在後一種情況下，我們是用一種"彼岸
的"、"更好的"生活的幻象向生活**進行報復**。

第四個命題：把世界分為一個"真實的"世界和一個
"虛假的"世界，無論是以基督教的方式，還是以康德的
方式（最終仍然是一個**陰險**的基督徒的方式），都僅僅是
頹廢的一種暗示，——是**衰敗**的生命的一個徵兆……藝

術家對假像的評價高於現實，這並未構成對上述命題的反駁。因為在這裏"假像"還是意味着現實，只不過是經過選擇、強化和修正的現實……悲劇藝術家不是悲觀主義者，——他恰恰要肯定一切可疑和可怕的東西本身，他是**狄奧尼索斯式的**……

註釋

1　作為特異反應的哲學，Mp XVI 4；真實的與虛假的世界，WII 5，72。

2　後來這句話被刪掉了：今天，我們完全作為赫拉克利特主義者思考這個問題。WII 5，73。

3　出自：那些如此無用的、不利的概念稀釋和概念蒸發，就像"善的"概念和"真的"概念。Mp XVI 4。

4　WII 5，68（初稿）。

"真實的世界"最終如何變成了寓言[1]

一個錯誤的歷史

1

真實的世界，哲人、虔誠的人和有德行的人可以達到，—— 他生活於其中，**他就是它**。

（理念的最古老形式，比較巧妙、簡單、令人信服。是下述命題的改寫："我，柏拉圖[2]，**就**是真理。"）

2

真實的世界，現在無法達到，但許諾給哲人、虔誠的人和有德行的人（"許諾給懺悔的罪人"）。

（理念的進步：它變得更精緻、更困難、更難以理解 —— **它變成了女人**，它變成了基督教式的……）

3

真實的世界，無法達到、無法證明、無法許諾，但被視為一個安慰、一個義務、一個律令。[3]

（其實還是舊的太陽，只不過被濃霧和懷疑籠罩着；

理念變成了崇高的、蒼白的、北方式的、哥尼斯堡式的。）

4

　　真實的世界 —— 無法達到嗎？總之未達到。未達到的也就是**未知的**。因此，也就不能是安慰性的、拯救性的、有約束力的：某種未知的東西怎麼可能讓我們對其盡義務呢？……

　　（天矇矇亮。理性的第一個呵欠。實證主義的[4]雞叫。）

5

　　"真實的世界" —— 一個不再有任何用處、不再有任何約束力的理念， —— 一個變得無用的、多餘的理念，**因而**是一個被駁倒的理念：讓我們廢除它！

　　（大白天；早餐；好的感覺（bon sens）和愉快心情的回歸；柏拉圖的臉紅；一切自由精神的喧囂。）

6

　　我們廢除了真實的世界：剩下的是甚麼世界？也許是虛假的世界？……不！**隨着真實的世界的廢除，我們同時廢除了虛假的世界！**

　　（正午；陰影最短的時刻；最長的錯誤的結束；人類的頂點；**查拉圖斯特拉**[5]**的開始**。）

註釋

1 按照 1888 年春季的一個計劃，這一章本來是《權力意志》的第一章；因此，WII 5，64-65 中的準備稿被加上了"第一章"的標題；參看科利版第 13 卷，14，[156]。

2 出自：理性的、簡單的、真實的，以斯賓諾莎的方式對"我，斯賓諾莎"這個句子的改寫。WII 5，64。

3 出自：眼下也許無法許諾，但已經被視為一種安慰、一種休息、一種拯救（理念已變得崇高，如幽靈一般；從前的斯芬克斯之光，形而上學家和另類的極北族人的午夜，然而卻是最高的崇拜和希望的物件）。WII 5，64-65。

4 出自：理性的。WII 5，64。

5 出自：哲學。WII 5，64。

違反自然的道德

1

所有激情都有這樣一個時期,那時它們僅僅是致命性的,它們靠愚蠢的重力把其受害者壓服,—— 在以後,很久很久以後的一個時期,它們與精神聯姻了,得到了"昇華"。以前,人們因為激情中的愚蠢而向激情本身開戰:人們陰謀根除它們,—— 所有古老的道德巨怪對此都是一致的,"應該消滅激情"(il faut tuer les passions)。其最著名的公式存在於《新約》中,存在於基督的《登山寶訓》[1]之中。順便説一下,在那裏,完全不是從**高處看**待事物的。例如,那裏在涉及性的問題時教訓道:"如果你的眼睛逗弄你,那麼,就把它挖出來。"[2] 幸虧沒有基督徒照此行事。**根除激情和慾望**,僅僅是為了預防它們的愚蠢以及愚蠢的不快後果,在我們今天看來,這本身就是一種極端形式的愚蠢。我們不再欽佩這樣的牙醫:為了使牙不再疼,他們乾脆**把牙拔掉**……另一方面,公平地説,在基督教賴以生長的土壤上,"激情**昇華**"的概念是根本不可設想的。眾所周知,最初的教會曾經為了捍衛"精神的貧

32

乏" ³ 而**反對** "有理智者"，人們怎麼會期待他們進行一場
針對激情的理智戰爭呢？── 教會用下述意義上的根除
反對激情：它的手法、它的 "治療" 就是**閹割**。它從來不
問："人們如何使一種慾望得到昇華、美化和神化？" ──
它始終把懲戒的重點放在滅絕上（滅絕感性、滅絕驕傲、
滅絕權勢慾、滅絕佔有慾、滅絕復仇慾）。── 但是，從
根兒上攻擊激情，就意味着從根兒上攻擊生命：教會的實
踐是敵視生命的……

2

　　在與慾望的鬥爭中，同樣的手段即根除和滅絕本能地
被那些人所選用，他們的意志過於薄弱，他們過於衰退，
以致不能確立自己的尺度；被那樣的天性所選用，他們
需要苦修會（la Trappe）⁴，用譬喻來説（其實不是譬喻），
需要某種最終的敵對聲明，需要在他們自己和激情之間設
立一道**鴻溝**。只有對於衰退者來説，極端的手段才是必要
的；意志薄弱，確切地説，沒有能力**不**對一個刺激作出反
應，這本身僅僅是另一種形式的衰退。對感性的極端仇視
和敵視是一個值得深思的徵兆：人們可以據此推測出這
樣一個過激者的整體狀況。── 此外，只有當這些天性
甚至不再足夠堅定地進行這種極端的治療、戒除他們的
"魔鬼" 時，那種仇視和仇恨才達到頂點。人們可以縱觀
教士、哲學家包括藝術家的全部歷史：反對感官的最惡

毒的言論不是由無能者說出的，也**不**是由禁慾主義者說出的，而是由那些想禁慾而做不到的人說出的，是由那些需要成為禁慾主義者的人說出的……

3

感性的昇華叫做**愛**：它是對基督教的偉大勝利。另一種勝利是我們對**仇恨**的昇華。這種昇華表現在：人們深刻地領會到擁有敵人的價值，簡言之，人們的行為和判斷與先前的行為和判斷截然相反。教會歷來都想根除它的敵人：我們這些非道德主義者和反基督教者卻在教會存在這一事實中看到了我們的利益……現在，政治領域的仇恨也得到了昇華，—— 明智得多，慎重得多，**寬容得多**了。幾乎每個黨派都是這樣理解其自我保存的需求的：反對黨不能失去力量；這同樣適用於大政治。特別是一個新的創造物，例如新帝國，更需要的是敵人，而不是朋友：在對立中它才感覺到自己的必要性，在對立中它才**成為必要的**……對於"內心的敵人"，我們的態度亦然：在這裏，我們也使仇恨昇華了；在這裏，我們也領悟了其價值。只有付出這樣的代價即富含對立面，人們才會**有所收穫**；只有精神不鬆懈、不追求平和，人們才能**青春永駐**……沒有甚麼比從前那種"心靈平和"的願望即**基督徒式**的願望對我們更加陌生的了；沒有甚麼比道德的母牛和問心無愧的洪福更不讓我們羨慕的了。倘若人們放棄了戰爭，那麼，他們就放棄了**偉大**的生活……當然，在很多情況下，"心靈的平和"僅僅是一種誤解罷了，——它是**某種別的東西**，只是不知道更加誠實地為自己命名。我們可以不兜圈、不帶偏見地給出若干情形。譬如，"心靈的平和"可能是一種十足的動物性向道德（或宗教領域）領域的溫和的輻射。或者是疲倦的開始，是黃昏，任何一種黃昏投下的第一道陰影。或者是空氣潮濕、南風來臨的一個徵兆。或者是無意間對於順暢的消化的感激之情（有時被稱為"博愛"）。或者是久病初愈之人所達到的平靜，他重新體驗萬物，有所期待……或者是我們身上居支配地位的激情得到強烈滿足之後出現的一種狀態，即一種罕見的滿足所帶來的快感。或者是我們的意志、我們的願望、我們的惡習的衰老。或者是懶惰在虛榮的勸說下用道德粉飾自己。或者是在經受了不確定性的長久壓力和折磨之後，進入到一種確定性之中，縱然是可怕的確定性。或者是行動、創造、活動和意志中成熟和熟練的表現，是沉靜的呼吸，是**已達到的**"意志的自由"……**偶像的黃昏**：誰知道呢？或許同樣僅僅是一種"心靈的平和"……

4

—— 我制定一條原則。道德中的每一種自然主義，就是說每一種**健康的**道德都是受一種生命本能支配的，—— 任何一種生命需求都是通過某種確定的"應當"

和"不應當"的準則加以實現的，生命道路上的任何一種
阻礙和敵對行為都是借此加以清除的。相反，**違反自然的
道德**，就是說迄今受到尊敬、愛戴和吹捧的幾乎每一種道
德，卻恰恰是**針對**生命本能的， ── 它們是對這種本能
所進行的時而隱蔽、時而公開和公然的**譴責**。當它們說
"上帝洞察人心"[5]時，它們就否定了生命中最高和最低的
各種需求，並且把上帝視為**生命的敵人**……供上帝消遣的
聖人是理想的閹人……"上帝的地盤兒"**開始**之地，就是
生命結束之時……

5

　　假如人們領悟了這樣一種反抗生命 ── 這種反抗在
基督教道德中幾乎成了神聖不可侵犯的東西 ── 的褻瀆
行為，那麼，人們也就會幸運地領悟到某種別的東西：這
樣一種反抗是無用的、虛假的、荒謬的和**騙人的**。活着
的人對生命進行判決，最終只是一種特定類型的生命的
徵兆：至於這些人是否有理由進行這種判決的問題則根
本沒有就此提出。人們必須一方面置身於生命**之外**，另
一方面卻能像已經經歷過生命的一個人、許多人、所有
人那樣充分地認識生命，只有這樣才可以觸及生命**價值**[6]
的問題。我們有足夠的理由明白這樣一點：對我們來說，
這個問題是一個遙不可及的問題。當我們談論價值的時
候，我們是在生命的激勵之下、通過生命的鏡頭談論的：

生命迫使我們制定價值；**當我們制定價值的時候，是生命本身通過我們進行評價**……由此可見，那種**違反自然的道德** —— 它把上帝視為反生命的概念、視為對生命的判決 —— 也不過是生命的一種價值判斷， —— **甚麼**生命？**何種**生命？ —— 我已經給出了答案：是衰退的、衰弱的、疲憊的、被判決的生命。迄今人們所理解的、不久前還被叔本華表述為"生命意志的否定"的道德，是自行制定律令的**頹廢本能**本身，它説："**毀滅！**" —— 它是被判決的人做出的判決……

6

最後，讓我們再考慮一下，説"人應當是如何如何的"是多麼幼稚！現實向我們顯示了令人神往的豐富類型、豐盛得近乎浪費的形式遊戲和形式變化：某位可憐的、遊手好閒的道德家卻説："不！人應當是**別樣的**"？……這個可憐蟲和偽君子，他甚至知道人應當是**甚麼樣子**；他把自己畫到牆上，説道："瞧，這個人！"（ecce, homo）[7]……但即使這位道德家僅僅針對一個人説："你應當是如何如何的！"，他仍然會受到嘲笑。單個人是繼往開來的命運（fatum）的一個片斷，更是已經存在和即將存在的一切事物的法則和必然性。對他説："改變你自己"，就意味着要求一切事物都改變，甚至已經過去的事物也要改變……確有一些執着的道德家，他們要人成為別樣的東西，

即成為有德性的，他們要人以他們為楷模，即成為假仁假
義之輩：為此，他們**否定**了世界！不要有絲毫的瘋狂！不
要有絲毫的傲慢！……只要道德是從自身出發，而不是着
眼於生命、顧及生命、為了生命進行判決，那麼，它就是
一種人們不應報以同情的特別錯誤，是一種已經造成無窮
損害的**衰退的特性**！……與此相反，我們這些另類的人，
我們這些非道德主義者對各種理解、領悟和**同意**報以廣
泛的同情。我們不輕易否定，我們以做肯定者為榮。我們
對那種經濟學看得越來越清，它需要並且知道充分利用被
教士的神聖荒唐、被教士身上的病態**理性**所鄙棄的一切；
我們對生活法則中的那種經濟學看得越來越清，它甚至從
偽君子、教士和有德者的醜**類**那裏獲取其利益，── **甚
麼**利益？── 而我們自己，我們這些非道德主義者在此
即是答案……

註釋

1 登山寶訓（Bergpredigt）：指《聖經·馬太福音》第五章到第七章裏，由耶穌基督在山上所説的話。寶訓當中最著名的是 " 八種福氣 " ，這一段話被認為是基督教徒言行的準則。

2 《馬太福音》，5，29。

3 《馬太福音》，5，3。

4 參看《不合時宜的沉思》3，科利版第 1 卷，358。

5 《路加福音》，16，13。

6 參看《人性的，太人性的》草稿，特別是科利版第 8 卷，9，[1] 中從杜林同名著作的節錄。

7 彼拉多的名言（《約翰福音》，19，5），1882 年，尼采在《快樂的科學》中將其用作一首詩的標題；這也是其自傳的標題。

四 [1] 大謬誤

1

　　混淆原因與結果的謬誤。—— 沒有比把結果誤認為原因更危險的謬誤了：我把這種謬誤稱為理性的真正墮落。儘管如此，這種謬誤卻屬於人類最根深蒂固的習慣：它甚至在我們中間被神聖化了，它擁有"宗教"和"道德"的美名。宗教和道德所制訂的**每一條**原理都包含着這種謬誤；教士和道德的制定者是這種理性墮落的主謀。——我舉一個例子。每個人都知道著名的科爾納羅[2]的那本書，他在書中把他的節食作為長壽和幸福生活 —— 以及有德性的生活 —— 的訣竅加以推薦。很少有書被如此廣泛地閱讀過，到現在英國每年仍要印行若干千冊。我不懷疑，幾乎沒有一本書（低劣的《聖經》除外）像這個善意的**怪物**這樣造成如此多的不幸、**縮短**了如此多的生命。原因是：他把結果誤認為原因了。這個正直的意大利人把他的節食看成了他長壽的**原因**：而長壽的先決條件即異常緩慢的新陳代謝和微小的消耗，才是他節食的原因。少吃**還是**多吃，對他來說並不是隨意的，他的節儉不是一種"自由意志"：如果他多吃，他就會生病。但只要不是一條鯉魚，那麼，吃足就不僅是明智的，而且是必需的。**我們這個**時代的一個學者，由於神經力量的迅速消耗，會被科爾納羅的食譜（régime）毀掉。請你們相信我（crede experto）。——3

2

　　每一種宗教和道德的基礎都是這樣一個最普遍的公式："做這個，別做那個 —— 這樣，你就會幸福！否則……"每一種道德，每一種宗教都是這種律令，—— 我將之稱為理性的巨大原罪，**永恆的無理性**。在我口中，這個公式變成了它的反面 —— 我的"重新估價一切價值"的**第一個**例證：一個發育良好的人，一個"幸運兒"，**必定會**採取某些行動，而對其他的行動表現出本能的懼怕；他把他在生理上表現出來的秩序帶到他與人和事物的關係之中。簡言之，他的美德是其幸福的**結果**……長壽、多子多孫不是對美德的獎賞，毋寧說，美德本身即是新陳代謝的放慢，而這種放慢導致了長壽和多子多孫，簡言之，導致了**科爾納羅主義**。—— 教會和道德說："一個家族，一個民族被惡習和奢侈所毀滅。"我的**被重建的理性**則說：當一個民族走向毀滅、在生理上開始退化時，才會有惡習和奢侈這樣的**結果**（就是說，需要越來越強烈、越來越頻繁的刺激，任何一個衰竭的人都深知這一點）。這個年輕人過早地蒼白、憔悴。他的朋友們說：這是由某種疾病造成的。我卻說：他生病，他不能抵抗疾病，**這已經是**一種貧乏的生命、一種遺傳性枯竭的結果。報紙讀者說：這個政黨因這種錯誤而毀滅。我的**更高的**政治學卻說：一個犯這種錯誤的政黨已經窮途末路 —— 它不再具有其本能的安全。任何意義上的任何一種錯誤都是本能退化和意志瓦解的結果：人們幾乎就是這樣定義**惡**的。凡善皆本能 —— 因而，都是輕快的、必然的和自由的。艱難是一種抗議，**神**明顯不同於英雄（用我的話說：**輕快的足**是神性的首要特徵）。[4]

3

一種虛假因果關係的謬誤。[5] —— 人們歷來相信他們知道原因為何物，但是，我們是從何處獲得這種知識的呢？更確切地說，我們是從何處獲得我們知道原因的信念的呢？從著名的"內在事實"的領域，迄今為止，在這些"事實"中，還沒有一個表明是真實的。我們相信自己在意志行為中是作為原因出現的；我們以為至少在此**當場抓住**了因果關係。人們也不懷疑，一個行為的全部前件（antecedentia），它的原因，可以到意識中去尋找，只要人們去尋找，就可以在那裏重新找到 —— 作為"動機"：否則，人們**對**該行為就不是自由的，也不能**對**之承擔責任。最後，誰會否認一個思想是被引起的，而且是我引起了那個思想？……在似乎擔保了因果關係的這三個"內在事實"中，首要的也是最令人信服的一個事實是**意志即原因**；而意識（"精神"）即原因的觀念以及更晚的我（"主體"）即原因的觀念則僅僅是後來才出生的，即在因果關係被意志確定為所與，確定為**經驗**之後……在此期間，我們已經醒悟了。我們今天不再相信所有這些話了。"內在事實"充滿了幻象和鬼火，意志就是其中之一。意志不再推動任何東西，因而也不再說明任何東西 —— 它僅僅伴隨着事件，它也可以不在場。所謂的"動機"是另一個謬誤。它僅僅是意識的一個表面現象，是行為的一個附屬物。與其說它表現了一個行為的前件（antecedentia），不如說它遮蔽了這個前件。自我也是如此！它變成了寓言、虛構和文字遊戲：它完全停止了思考、感覺和意願！……由此得出的結論是甚麼？根本不存在甚麼精神的原因！關於這種原因的全部所謂經驗均已消失殆盡！**這就是結論**！—— 我們彬彬有禮地濫用了那種"經驗"，於是，我們**創造**了作為原因世界、意志世界和精神世界的世界。其中起作用的是那種最古老、最久遠的心理學，其作為僅限於：所有事件在它看來都是一個行為，所有行為都是一個意志的結果，世界對它來說變成了眾多的行為者，所有事件都被塞入了一個行為者（一個"主體"）。人從自身中投射出了他最確信無疑的三個"內在事實"，即意志、精神和自我，—— 他首先從自我概念引出了存在概念，他按照他的形象，按照他那作為原因的自我概念，設置了作為存在者的"物"。之後，他在物中總是僅僅重新找到**他已經放置於其中的東西**，這有甚麼奇怪的呢？—— 物本身，再說一遍，物的概念僅僅是自我即原因這個信念的反映……甚至你們的原子，我的機械論者和物理學家先生們，有多少謬誤、多少發育不全的心理學殘存於你們的原子之中啊！——"物自身"以及形而上學家的可恥可怕的東西（horrendum pudendum）就更不用說了！精神即原因的謬誤被誤認為實在！[6] 被視為實在的尺度！[7] 被稱為上帝！——[8]

4

虛構原因的謬誤[9]。—— 從夢開始：一個特定的感覺 —— 比如，由於遠處的炮擊而引起的感覺 —— 事後被偷偷塞入一個原因（通常是一整部微型長篇小說，其中的主角恰恰是做夢者）。在此期間，該感覺一直以一種迴響的方式延續着：彷彿它一直在等待，直到原因衝動允許它步入前景，—— 此後，不再作為偶然事件，而是作為"意義"。炮擊以一種**因果**的方式、在虛構的時間逆轉中出現。後來的東西，動機說明首先被體驗到，而且常常伴有數以百計的像閃電般閃現的細節，**然後**才是炮擊……出了甚麼問題？某一種身體感覺所**喚起**的想像被誤認為這種感覺的原因。[10] —— 實際上，我們在清醒狀態也是這樣

做的。我們大部分的普通感覺 —— 感覺器官作用與反作
用中的每一種抑制、壓力、緊張和爆發,特別是交感神
經(nervus sympathicus)的狀況 —— 都激起我們的原因衝
動:我們希望我們**如此這般的**感覺都有一個**理由**,——
無論是感覺好,還是感覺不好。我們從來不滿足於僅僅確
定這樣的事實,即我們有如此這般的感覺。只有**當我們為**
之給出了一種動機說明,我們才會承認這個事實,——
意識到它。在這種情況下,記憶會不知不覺地發生作用,
喚起先前的同類狀況及其為數眾多的因果解釋,—— **不**
是其因果關係。毫無疑問,把觀念及其與之相伴的意識過
程視為原因,這樣的信念也是由記憶一起帶來的。某種原
因解釋就是這樣產生的,這種解釋實際上妨礙甚至排除了
對於原因的**研究**。

5

　　對上述謬誤的心理學說明。—— 把某種未知的東西
歸結為某種已知的東西令人放鬆、平靜、寬慰,此外,還
可以給人以一種力量感。面對未知的東西,人們會感到
危險、不安和憂慮,—— 第一個本能就是要消除這些痛
苦的狀況。第一條原則:隨便甚麼解釋都比沒有解釋好。
因為從根本上說就是要擺脫壓抑的觀念,所以,人們並不
特別嚴格地看待消除這些觀念的手段。人們用以把未知
物解釋為已知物的第一個觀念做得如此之好,以致人們將

其"視為真理"。**喜悅** ("力量") 的證明被看作是真理的標準。—— 可見,原因衝動是由恐懼感引起的。只要可能,"為甚麼"的問題就不應僅僅為了原因而給出原因,而是要給出**一定種類的原因**,—— 一種令人平靜、寬慰和放鬆的原因。某種**已知的**東西、經歷過的東西、被寫入記憶中的東西被用作原因,這是這種需求的第一個後果。新的東西、未經歷過的東西、陌生的東西則被排斥在原因之外。—— 因此,作為原因被尋求的不僅僅是一種解釋,而且是一種**仔細挑選出來的、受偏愛的**解釋,借助於這種解釋,陌生感、新奇感和未曾經歷之感被最快速、最頻繁地加以清除,—— **最尋常的解釋**。—— 結果:一種原因設置越來越佔據優勢,匯集成體系,最終取得**支配地位**,就是說,**其他的**原因和解釋乾脆被排除在外。—— 銀行家馬上想到"生意",基督徒馬上想到"罪惡",少女馬上想到她的愛情。

6[11]

整個道德和宗教的領域均屬於虛構原因的範疇。 —— 對令人不快的一般感覺的"解釋"。它們是由與我們相敵對的存在物造成的 (邪惡的幽靈:最著名的事例 —— 把歇斯底里患者誤認作女巫)。它們是由不被允許的行為造成的 (把"罪惡"感、"罪孽"感強加於一種生理上的不快 —— 人們總是能夠找到對自己不滿意的理由)。它們是

作為對某種我們不該做、不該**贊同**的東西的懲罰和償還
被引起的。(叔本華以無恥的方式將之概括為一個命題，
按照這個命題，似乎道德的本性就在於：它是生命之真
正的投毒者和誹謗者："每一種巨大的痛苦，無論是身體
上的，還是精神上的，都證明是我們應得的：因為如果不
是我們應得的，那麼，它就不可能降臨到我們頭上。") [12]
它們是作為輕率的、最終是邪惡的行為的後果被引起的
(—— 內心衝動和意向被確定為原因，被確定為"有過失
的"；借助於其他緊張狀況的生理上的緊張狀況被解釋為
"應得的")。 —— 對**令人愉快的**一般感覺的"解釋"。它
們是由信神引起的。它們是由善行的意識引起的(所謂的
"問心無愧"，一種有時看上去類似於、甚至混同於消化
良好的生理狀況)。它們是由事業的成功引起的(—— 樸
素的錯誤推論：一項事業的成功決不能使一個恐病患者
或一個帕斯卡式的人產生愉快的一般感覺)。它們是由信
仰、愛和希望 [13] —— 基督教的美德 —— 引起的。 —— 實
際上，所有這些臆想的解釋都是**後續**狀態，彷彿是把喜悅
和不快的感覺翻譯成了一種錯誤的方言。人們處在希望
的狀態，**因為**生理上的基本感覺又變得強烈而豐富；人們
信仰上帝，**因為**充實和強大的感覺令人平靜。 —— 道德
和宗教徹頭徹尾屬於**錯誤的心理學**：在每一種情況下原
因和結果都被混淆了；或者真理被混同於信以為真的東
西的結果；或者一種意識狀態被混同於這種狀態的因果

關係。[14]

7

　　自由意志的謬誤。 —— 今天，我們不再對"自由意志"概念抱有任何同情，我們對它是甚麼貨色再清楚不過了 —— 最聲名狼藉的神學家的伎倆，其目的在於使人類按照他們的意圖"承擔責任"，就是説，**使人類依賴他們**……在此，我只是給出一切要人承擔責任的做法的心理學。—— 無論何處，只要被尋求的是責任，那麼，在那裏尋求的往往是**懲罰慾和判決慾**的本能。如果任何一個如此這般的存在都被追溯到意志、意圖和責任行為，那麼，人就失去了其清白的生成的可能性：從本質上説，意志學説是為了懲罰，就是説為了**發現有罪的願望**被發明的。整個古老的心理學，即意志心理學的前提是：它的創立者即處於社會上層的僧侶試圖為自己謀取一種實施懲罰的**權利** —— 或者説，為上帝謀取此項權利[15]……為了能夠被判決、被懲罰 —— 為了能夠成為**有罪的**，人被設想為"自由的"：因此，每一個行為必須被設想為自願的，每一個行為的策源地必須被設想為存在於意識中（—— 心理學中這種**最基本的**偽幣製造藉此被奉為心理學原理本身……）。今天，當我們投入**相反的**運動的時候，特別是當我們這些非道德主義者試圖竭盡全力重新從世上清除罪責概念和懲罰概念，使心理學、歷史、自然、社會組織和制裁擺脫它們的時候，在我們看來沒有比神學家的敵視更激烈的敵視了，他們借助於"道德的世界秩序"概念繼續用"懲罰"和"罪責"玷污生成的清白。基督教是一種劊子手的形而上學……[16]

8

然而，**我們的學說**會是甚麼樣呢？沒有人把人的特性給予他，無論是上帝、社會、他的父母和祖先，還是**他自己**（在此最後遭到否定的這種毫無意義的觀念被康德、或許也已經被柏拉圖作為"理智的自由"加以教導過）。**沒有人**對下述事實負責：他竟然存在於此，他具有如此這般的性質，他存在於這種境況、這種環境中。其生存的厄運不能脫離古往今來的一切事物的厄運。他不是一個本己的意圖、一個意志、一個目的的結果，不是用以實現一種"人的理想"、一種"幸福理想"或一種"道德理想"的試驗品，——想把他的本性**轉嫁到**任何一種目的之上是極為荒謬的。我們發明了"目的"概念：實際上**沒有目的**……人是必然的，人是命運的一部分，人從屬於整體，人在整體之中，—— 沒有任何東西可以判決、衡量、比較和譴責我們的存在，因為這意味着判決、衡量、比較和譴責整體……**而在整體之外別無它物！**—— 沒有人再被要求承擔責任，存在的方式不應被追溯到一個第一因（causa prima），世界既不是一個意識統一體，也不是一個"精神"

統一體，**這才是偉大的解放**……這樣，生成的**清白**才能得以恢復……迄今為止，"上帝"概念是對生存的最大抗議……我們否認上帝，我們否認源於上帝[17]的責任：這樣我們才能拯救世界。——

註釋

1　付印手稿：三。四大謬誤最初是三個，因為第 1-2 節是在印刷手稿中才被加上去的。

2　參看路德維希・科爾納羅：《實現健康長壽的秘訣》，柏林，o.J.，BN。另參看尼采於 1883 年 10 月 27 日和 1884 年 3 月 30 日致歐文・貝克的信。

3　參看尼采致歐文・貝克的信：尼斯令我流連，從氣候上説，它簡直就是我的"迦南"。不過，人們在這裏一定要多吃，切勿按照科爾納羅的方式生活。（1884 年 3 月 30 日）

4　參看《瓦格納事件》1："善是輕快的，一切神聖的東西都是用輕巧的足行走的"。（13，21-22）

5　精神即原因的理論出自：[意志即原因的] 精神原因的謬誤，後者出自：一種虛假的原因。

6　被設定為存在，誤認為存在。Mp XVI 4。

7　世界的法官。Mp XVI 4。

8　Mp XVI 4；WII 6，105。

9　WII 7，38；關於這一段的詳細説明參看《人性的，太人性的》13。

10　但它最終被感覺為得到理解和解釋的東西 ——：它被納入一種因

果關係，並因此被認為得到了解釋……WII 7，38。

11　關於第 6 節，尼采幾乎逐字謄寫了來自 WII 7，36 的一個綱要。

12　《作為意志和表像的世界》，第二卷，第 666 頁。據 Frauenstaedt
　　版。

13　參看《哥林多前書》13，13。

14　WII 7，37。

15　出自：一種關於懲罰權利的學說。"上帝要進行懲罰"：這就是説，
　　古代社會具統治地位的神職人員要擁有這種權利。WII 3，129。

16　出自：《懲罰的形而上學》，付印手稿。

17　出自：作為上帝，尼采在校樣中的修訂；上帝的，付印手稿；修
　　訂前的校樣。

人類的"改善者"[1]

1

　　人們清楚我對哲學家們的要求：站在善惡的**彼岸**[2]，—— **超越**道德判斷的錯覺。這種要求源於由我首次加以表述的[3]一種觀點：**根本沒有甚麼道德事實**。道德判斷與宗教判斷有下述共同之處：它們都相信虛假的實在。道德僅僅是對某種現象的一種解釋，更明確地説，是一種**誤解**。和宗教判斷一樣，道德判斷屬於一個愚昧的階段，在此階段甚至連實在的概念、實在與幻想的區分還尚不存在：所以，在這樣的階段，"真理"所表示的純粹是我們今天稱為"幻想"的那些東西。迄今為止，道德判斷從未被嚴格地對待過：就此而言，它所包含的始終僅僅是荒謬。但作為**症候學**，它依然十分寶貴：至少對於有識之士來説，它揭示了最有價值的文化和精神生活的實在，而這種實在過去是不太**懂得**"理解"自己的。道德純粹是符號語言，純粹是症候學：人們必須首先知道道德是**怎麼回事兒**，才能從道德中受益。

2 [4]

先舉出第一個例子。人們一直想"改善"人類：首先這就叫做道德。但在相同的字眼下卻隱藏着極為不同的傾向。對野獸的**馴化**和對特定人種的培育都被叫做"改善"：這些動物學術語（termini）才**道出**了實情，——而典型的"改善者"即教士，卻對這些實情一無所知——**情願**一無所知……把對一個動物的馴化叫做對牠的"改善"，這在我們聽來幾乎是一個笑話。凡熟悉動物園情況的人，都會對下述一點表示懷疑：野獸在那裏得到了"改善"。牠們被削弱了，牠們被整治得不那麼有害了，壓抑的恐懼情緒、疼痛、創傷和飢餓使牠們變成了**病態的**野獸。經教士"改善"過的馴化的人情況亦然。在中世紀早期，教會實際上首先是一個動物園，人們到處捕獲最漂亮的"金髮野獸" [5] 的標本，——例如，人們"改善"了高貴的日爾曼人。然而，這樣一個經過"改善"的、被引進修道院的日爾曼人後來看上去如何呢？如同一幅人的漫畫，如同一個畸胎：他變成了一個"罪人"，他呆在籠子裏，人們把他監禁在各種十分可怕的觀念之中……他病弱地躺在那兒，對自己懷有敵意；他對生命衝動充滿了仇恨，對一切尚且強健和快樂的東西充滿了懷疑。簡而言之，變成了一個"基督徒"……從生理學角度來說：在與野獸的鬥爭中，使其生病可能是削弱牠的唯一手段。教會深知這一點：它使人**墮落**，它使人虛弱，—— 而它卻聲稱"改善"
了他……

3

　　現在我們舉出所謂道德的另一種情形，即對一個特
定種姓和種類的**培育**。這方面的傑出例證是作為《摩奴法
典》而具有宗教效力的印度道德。它的任務是同時培育出
不少於四個種姓：僧侶、武士、農商和僕役即首陀羅。
顯然，在此我們已不再屬於馴獸者之列：只有百倍溫和
和理性的人才能草擬出這樣一種培育方案。從基督教那
病態的、牢獄般的空氣中，進入這個更為健康、更為高
遠的世界，人們不禁會深深地吸口氣。與摩奴相比，《新
約》是何等的可憐！味道是何等的難聞！然而，這種體制
同樣必須是可怕的，—— 這一次不是和野獸鬥，而是和
與之相對的概念鬥，即不可培育的人，雜種人，賤民。而
且，除了使其生病之外，這種體制也沒有其他手段使其變
得無害和虛弱，—— 這是與"大多數"的鬥爭。也許沒有
比印度道德的**這些**防護措施更與我們的情感相矛盾的了。
例如，考慮到聖書禁止向他們提供穀物或含有穀物的水
果，以及**水**或火，第三條"關於不潔的蔬菜"規定：賤民
可以吃的唯一食物應當是大蒜和蔥頭。此條還規定：他
們所需要的水，既不能從河流中提取，也不能從泉水或池
塘中提取，只能從沼澤的入口處和由動物的腳印形成的水

窪中提取。同時，禁止他們洗衣和**洗澡**，因為恩賜給他們的水只能被用於解渴。最後，禁止首陀羅婦女幫助賤民婦女分娩，也禁止賤民婦女分娩時**互相幫助**[6]…… —— 這樣一種保健員警機制成效卓著：可怕的瘟疫，嚴重的性病，於是又規定了"閹割法"，即男孩兒割除包皮，女孩兒切除小陰唇。 —— 摩奴甚至說："賤民是通姦、亂倫和犯罪的結果（這是培育概念的**必然**後果）。他們必須僅以裹屍布為衣，用破罐吃飯，靠廢鐵裝飾，拜惡魔為神；他們必須無休止地四處流浪。他們不能從左到右書寫，也不能用右手書寫：使用右手和從左到右完全是為**有美德的人**、為有**種姓**的人保留的權利。" —— [7]

<h2 style="text-align:center">4 [8]</h2>

這些規定是非常富有教益的：我們從中獲得了至為純粹、至為原始的**雅利安人的**人性， —— 我們懂得了"純粹血統"概念是無害概念的對立面。此外，下面一點也變得顯而易見：對於這種"人性"的仇恨即賤民的仇恨在**哪個**民族身上刻上了烙印，變成了宗教，變成了**天賦**……從這種觀點看來，《福音書》是一流的證書；《以諾書》[9] 尤其如此。 —— 基督教有其猶太根源，並且只有作為這塊土壤上的植物才能得以理解，它意味着對於任何一種培育的道德、種姓道德和特權道德的**反動**。 —— 它是卓越的（par excellence）反雅利安宗教：基督教是對一切雅利

安價值的重估，是賤民價值的勝利，是面向窮人和卑賤者
的福音，是一切被踐踏者、可憐蟲、失敗者和失意者對於
"種姓"的總暴動，—— 作為**愛的宗教**，它是永恆的賤民
的報復……

5¹⁰

就實現自身的手段而言，**培育**的道德和**馴化**的道德
可謂旗鼓相當。我們可以提出下述最高原理：為了**確立**
道德，人們必須具有追求其反面的絕對意志。人類"改善
者"的心理學，這是我探究得最為長久的重大而**令人不安
的**問題。一個很小而且總的說來很樸素的事實，即神聖
的欺騙（pia fraus）的事實使我首次看清了這個問題：神
聖的欺騙，這是一切**改善過**人類的哲學家和教士的遺產。
無論是摩奴、柏拉圖、孔子，還是猶太教和基督教的導師
都未曾懷疑過他們撒謊的**權利**。他們未曾懷疑過**所有其
他的**權利……如果用公式加以表達，人們可以說：迄今為
止，用來使人類變得道德的**一切**手段，從根本上說都是**不
道德的**。——

註釋

1 這一章也源自為被放棄的《權力意志》所準備的材料，特別是為最後的計劃（日期為 1888 年 8 月 26 日）中的第二部"價值的起源"第三章"善人與改善者"所準備的材料；同樣的思想也存於 1887–1888 年冬季的筆記中，而且在"美德是如何取勝的"標題之下；在 1888 年年初的計劃中，它又成為第二部第二章的標題（參看科利版第 13 卷，12 [2]）。1888 年春季，又為這個思想領域增添了對《摩奴法典》的解讀。"'改善'人類"出自：道德的背景。Mp XVI。

2 暗指尼采的著作《善惡的彼岸》（1886）。

3 在《道德的譜系》中。

4 參看《權力意志》（大八開本 XV，XVI，1911），第 397 頁。"

5 參看《道德的譜系》第一章第 11 節。

6 參看雅各利奧上引書，105f。

7 同上書，102f。

8 關於尼采對"雅利安人的"態度，參看尼采致反猶主義者弗里希（Theodor Fritsch）的信，後者是《反猶通訊》的出版人、伯恩哈德‧福斯特（Bernhard Foester）和伊莉莎白‧福斯特─尼采（Elisabeth Foester-Nietzsche）的朋友、《猶太問題手冊》的作者、納粹主義的同路人：……請您相信我：這些無聊的半瓶醋們對於人類和種姓表現出來的這種令人生厭的發表意見的願望，這種對於每一個審慎的精神都會以冷靜的鄙視加以拒絕的那些"權威"（比如，杜林（E. Duehring）、瓦格納（R.Wagner）、埃布拉德（Ebrard）、瓦蒙德（Wahrmund）、保羅‧拉加德（Paul de Lagarde）——他們中間的哪一位在道德和歷史的問題上是最不合理、最不公正的？）的臣服，對於"日爾曼人的"、"閃米特人的"、"雅利安人的"、"基督教的"、"德意志的"這些模糊概念所做的這些持續的荒謬的偽造和處理，長此以往，所有這些真的會激怒我，並使我擺脫嘲諷的善意，而迄今為止，我正是帶着這樣

的善意注視當今德國人那種善良願望和假仁假義的。—— 最後，
如果查拉圖斯特拉的名字從一個反猶主義者口中說出，您認為我
會有何感覺？……

9　《以諾書》，尼采在筆記本 WII 3 中摘錄了這段話，出於勒南的《耶
穌傳》第 181 頁，巴黎，1963：《以諾書》包含比《福音書》更為
猛烈的對於塵世、富人和權貴的詛咒。參看科利版第 13 卷，11
[405]。

10　參看《敵基督者》，第 55 節末尾。

德國人缺少甚麼

1

在今天的德國人中間，僅僅擁有精神是不夠的：人們還必須將之據為己有，**濫用**[1] 精神⋯⋯

也許我了解德國人，也許我甚至可以向他們説出一些真相。新德國體現出大量繼承的和學習得來的才智，以致它可以長達一個時代揮霍那豐厚的力量的財富。它**沒有**一種與之一起成為主宰的高級文化，更沒有一種美好的趣味和一種高貴的本能之"美"；然而，它卻有着比任何一個歐洲國家**更男人氣的**美德。勇氣和自尊十足，在交往和相互義務關係中誠信有加，非常勤勞，極為堅毅——還有一種固有的、需要加以刺激而不是加以阻止的節制。我要補充的是，這裏人們仍然會順從，只不過這種順從並不受到羞辱⋯⋯沒有人會鄙視他的對手⋯⋯

人們可以看到，我希望對德國人表現出公正：我不想在這方面背棄我自己，——因此，我也必須向他們提出我的異議。取得政權是要付出昂貴代價的：權力**使人昏庸**⋯⋯德國人——人們曾經稱之為思想家的民族[2]：他們

今天還有思想嗎？德國人現在厭倦於精神，德國人現在不
信任精神，政治耗費了一切對於真正精神性事物的嚴肅性
——"德意志，德意志高於一切"[3]，恐怕這就是德國哲
學的終結……"有德國哲學家嗎？有德國詩人嗎？有**像樣
的德國書嗎？**"—— 人們在國外這樣問我。我感到臉紅，
但我卻以即使在絕望狀態也具有的勇敢回答道："有，**俾
斯麥！**"。我是不是也應當供認人們今天讀甚麼書呢？該
死的庸人本能！[4]——

2

—— 關於德國精神**可能**是甚麼的問題，有誰不曾作
過憂傷的思考啊！但近千年以來，這個民族卻任憑自己昏
庸下去：在任何地方，歐洲的兩大麻醉劑 —— 酒精和基
督教 —— 都未像在這裏那樣被肆意濫用。近來竟然又新
添了第三種麻醉劑，這就是音樂，我們這既受堵又添堵的
德國音樂，僅此一項就足以扼殺精神的一切敏銳而勇敢
的靈活性。—— 在德國的理智中，有多少令人生厭的沉
重、疲軟、潮氣和睡衣！有多少**啤酒**！獻身於最智慧的
目標的年輕人卻感覺不到智慧的首要本能，即精神的**自
我保存本能** —— 而且痛飲啤酒，這怎麼可能呢？……博
學青年的酒癖也許還不至於使人們對其追求學問的意向
表示懷疑 —— 即使沒有精神，一個人也可以是一個大學
者 ——，但從所有其他方面看來，這種酒癖依然是一個

問題。── 人們在哪兒不能發現啤酒在精神中產生的緩慢墮落！我曾經[5]在一個近乎眾所周知的事例中指出了這樣一種墮落 ── 我們德國的第一個自由精神即**聰明的**大衛・施特勞斯[6]墮落成了啤酒屋[7]福音和"新信仰"的作者……難怪他在詩中臣服於"黑色美人兒"[8] ── 至死不渝……

3

我前面談到了德國精神：它變得更粗俗了，更淺薄了。這樣說夠嗎？ ── 其實，令我吃驚的根本不是這些，而是在精神性事物上德國的嚴肅、德國的深刻和德國的**激情**何以每況愈下。不僅僅是智力，而且激情也走了樣。── 我時而接觸到一些德國大學：在大學學者中間盛行的是怎樣一種風氣呀！精神變得何等沉悶，何等不思進取和無所適從！如果人們在此想提出德國科學作為反對我的理由，這將是一個極大的誤解 ── 此外，這還表明：他們根本就沒有讀過我寫的任何東西。17 年來，我一直不遺餘力地揭示我們當代科學衝動的**非精神化的**影響。天性更豐滿、更豐富、**更深刻的**人再也找不到適合於他們的教育**和教育者**，一個主要原因就是：當今科學的巨大規模使每個人都處於沉重的受奴役狀態。我們文化的癥結**恰恰**在於有太多狂妄的遊手好閒者和殘缺的人性；我們的大學 ── 事與願**違** ── 是這種精神本能枯萎的真正溫室。關於這一點，整個歐洲都已經有所了解 —— 大政治騙不了任何人……德國越來越被視為歐洲的**淺薄之國**[9]。—— 我還在**尋找**一個德國人，和他在一起，我可以按我的方式嚴肅，—— 更要尋找一個德國人，和他在一起，我可以快樂！—— **偶像的黃昏**：啊！今天誰能領悟一個隱居者在此**從怎樣一種嚴肅中**康復啊！—— 快樂是我們身上最難以捉摸之物……

4

可以做這樣一種估算：德國文化的衰退不僅顯而易見，而且也不缺乏這方面的充足理由。一個人的開銷最終不可能超出他的所有：這一點既適用於個人，也適用於國家。如果人們把精力浪費在權力、大政治、經濟、世界貿易、議會政治和軍事利益上，—— 如果人們把他們所有的理智、認真、意志和自制都轉向了**這個**方面，那麼，他們在其他方面就會有所缺失。文化和國家 ——在這個問題上人們不要欺騙自己 —— 是敵對者："文化國家"完全是一個近代觀念。一方靠另一方生存，一方靠犧牲另一方而發展。一切偉大的文化時代都是政治的衰落期：文化意義上的偉大之物，都是非政治的，甚至是**反政治的**……歌德的情緒為拿破崙現象而高漲，卻為"自由戰爭"而低落。當德國作為大國升起的時候，法國作為**文化國家**贏得了另外一種重要性。今天，許多新的嚴肅，精神的許多新的**激情**已經遷移至巴黎；例如，悲觀主義問題、瓦格納問題以及幾乎所有心理學和藝術問題，在那裏比在德國得到了無比細膩和徹底的思考，—— 德國人甚至**不能**勝任這種嚴肅。—— 在歐洲文化史上，"帝國"的興起首先意味着這樣一件事：即**重點的遷移**。在主要的事情上 —— 而主要的事情始終是文化 —— 德國人不再引人注目，對此已經世人皆知。[10] 人們問：你們還能為歐洲提供哪怕一個**像樣的**人物嗎，就像你們的歌德、你們的黑格爾、你們的亨利希·海涅和你們的叔本華？ —— 再沒有一個德國哲學家，人們對此驚訝不已。——[11]

5

德國的整個高等教育事業丟失了主要的東西：**目的**以及達到目的的**手段**。教育、**教養**本身是目的 —— 而**不是**"帝國" —— ；為了達到此目的，需要的是教育者，—— 而**不是**中學老師和大學學者。對此，人們已經淡忘了……需要的是這樣的教育者：他們**自己**是**有教養的**[12]、高傲的、高貴的，每時每刻通過言傳身教體現日益成熟和**甜美**的文化，—— 而**不是**中學和大學如今作為"高級保姆"[13]提供給青年的那種博學的粗野之徒。除去罕見的例外，**缺乏教育者**，這個教育的**首要的**先決條件：**由此**引發了德國文化的衰落。—— 我可敬的朋友，巴塞爾的雅各·布克哈特[14]便是這種極罕見的例外之一：巴塞爾對於人性的

重視首先歸功於他。—— 實際上，德國"高等學校"所從
事的是一種殘忍的訓練，目的在於花盡可能少的時間，利
用、**充分利用**眾多青年男子為國家效勞。"高等教育"和
眾多 —— 這從一開始就相互矛盾。每一種高等教育都只
屬於例外者：為了有權享有這種如此高級的優惠，一個人
必須享有特權。一切偉大的事物，一切美好的事物，決不
可能是公共財產：美屬於少數人（pulchrum est paucorum
hominum）。[15] —— 是甚麼**造成**了德國文化的衰落？"高
等教育"不再是**特權** ——"大眾化的"、**公共的**"教育"的
民主主義……不要忘記，軍事特權生硬地強求高等學校達
到**過高的入學率**，這意味着高等學校的衰落。—— 在當
今的德國，再也沒有人能夠自由地為其子女提供一種高
貴的教育：我們的"高等"學校全都致力於最為曖昧的平
庸，包括教師、教學計劃和教學目標。舉目所見，到處都
是一種無教養的匆忙，假如 23 歲的青年還沒有"成熟"，
還不知道對於從事**何種**職業這個"主要問題"的答案，彷
彿就會耽誤甚麼似的。—— 一個更高種類的人 —— 如果
我可以這樣說的話 —— 恰恰因此不喜歡"職業"，因為他
懂得召喚自己……他有時間，他自己支配時間，他根本不
考慮是否"成熟"的問題，—— 在高等文化的意義上，30
歲的人是一個新手，一個孩子。—— 我們擁擠的文科中
學，我們擁擠的、被弄得呆頭呆腦的中學師資隊伍是一個
醜聞：試圖保護這種狀況，就像最近海德堡的教授們所做

的那樣，也許是有**原因**的，——卻沒有理由。

6

我屬於肯定的類型，只是間接地、被迫地提出異議和批評。為了不從我的類型跌落，我馬上提出三個任務，而為了完成這三個任務，人們都需要教育者。人們必須學習**看**，人們必須學習**思**，人們必須學習**說**和**寫**：所有這三個任務的目標都是一種高貴的文化。學習**看**——學會使眼睛習慣於平靜、忍耐和伺機行事；學會推遲判斷，從各個側面觀看和把握個別情況。接近教養的**首要的**預備教育是：**不**對一個刺激立刻作出反應，而是具備阻止的、隔絕的本能。按照我的理解，學習**看**差不多就是非哲學的言說方式稱為堅強意志的東西：其本質的東西恰恰**不**是"意欲"，而是**能夠**推遲作出決定。所有的無教養，所有的卑賤，皆由於不能抵抗一種刺激：——人們**必然**作出反應，人們要跟隨每一種衝動。[16] 在很多情況下，這樣一種必然已經是病態、衰退和枯竭的徵兆，——幾乎非哲學的粗略言說方式用"罪惡"這一名稱加以指稱的一切，都純粹是在生理上無力**不**作出反應。——學會看的一種收益是：作為學習者，人們通常將變得緩慢、猜疑和抗拒。人們將首先帶着敵視的平靜讓每一種陌生**新奇**之物靠近，——人們將會袖手旁觀。大門洞開，事必躬親，隨時準備進入、投入他人和他物之中，簡言之，近代著名的"客觀性"

是一種卑劣的趣味，是十足的**卑賤**。

7

　　學習思：在我們的學校裏，人們再也沒有這樣的概念了。甚至在大學裏，甚至在真正的哲學學者中間，作為理論、作為實踐、作為**手藝**的邏輯學業已開始滅絕。人們讀德語書：根本不再記得思需要一種技巧、一個教學計劃、一種追求卓越的意願，—— 不再記得思作為一種舞蹈是需要學的，正如舞蹈是需要學的一樣……在德國人中間，誰還切身知道精神性事物中**輕快的足**[17] 帶進每一塊肌肉的那種奇妙的震顫！—— 精神面貌的僵硬呆滯，拿東西時的笨手**笨腳** —— 這就是德國人的特徵，以致在國外人們完全把這誤認為德國人的本性。德國人沒有把握細微差別（nuances）的**手指**……德國人能夠忍受他們的哲學家，特別是那個有史以來最為畸形的概念殘疾人 ——**偉大的**康德，這的確體現了德國人的秀美。因為人們不能把任何一種形式的**舞蹈** —— 用足、用概念、用語詞跳舞的能力 —— 從**高貴的教育**中排除出去：我是不是還得説，人們也必須能夠用筆跳舞，—— 人們必須學會**寫**？但在這裏，我在德國讀者中恐怕會完全變成一個謎……

註釋

1　在法國人中間，做德國人是需要勇氣的。WII 3，184；WII 7，154。

2　按照畢希曼（G. Buechmann）《流行名言》的説法，穆索斯（Karl Musaeus）在為其《民間童話》（1782）所作的預告裏，首次談到了"思想家和詩人的民族"。

3　德國詩人奧古斯特・海因里希・霍夫曼・馮・弗勒塞本（August Heinrich Hoffmann von Fallersleben，1798-1844）"德國人之歌"的首行詩。

4　科利版第 13 卷第 540 頁中的一段話與此相仿：我是不是也應當供認人們現在讀甚麼書呢？—— 達恩（Dahn）？埃伯斯（Ebers）？康拉德・費迪南特・邁耶爾（Conrad Ferdinand Meyer，1825—1898）？—— 我聽説大學教授們都力挺這位謙虛而正直的邁耶爾，不惜捨棄特弗里德・凱勒（Gottfried Keller，1819-1890）。該死的庸人本能！

5　即《不合時宜的沉思》中針對大衛・斯特勞斯《新舊信仰》（柏林，1872，BN）的論文。

6　大衛・施特勞斯（David Friedrich Strauss，1808-1874）：德國神學家、作家，著有《耶穌傳》。尼采在其《不合時宜的沉思》第一篇中，把他當作自己的批判對象。

7　原文為 Bierbank，即啤酒屋裏的長凳，轉義為（坐在啤酒屋裏進行的）空談。

8　參看《斯特勞斯全集》（出版人：E. 策勒）第 12 卷：詩歌遺稿。

9　參看《瞧！這個人》："我為甚麼寫出了這樣的好書"第 2 節；《尼采反瓦格納》的"前言"。

10　WII 6，139，141。

11　沒有一個德國哲學家，這是一個頭等的結局。沒有人會不公平到這樣的程度，以致把那些饒舌的庸才對哲學家一詞的誤用歸咎於德國人，比如，無意識者哈特曼（Eduard Von Hartmann）先生，或者像柏林的反猶主義者杜林（E. Duehring）先生那樣大動肝火的惡棍。後者的追隨者中鮮有像樣的人，而前者的門徒中則鮮有像樣的 "理智"。WII 6，141。

12 參看科利版第 8 卷，5 [25] (1875)。

13 參看科利版第 12 卷，10 [12]。

14 參看尼采 1888 年 12 月 22 日致歐文・貝克的信：[在《偶像的黃昏》中] 以特別的禮遇出現了兩次的雅各・布克哈特 (Jacob Christoph Burckhardt，1818-1897，瑞士著名文化歷史學家，著有《意大利文藝復興時期的文化》(1860) 等。)，最先收到了樣書，那是諾伊曼出版社 (Naumann) 寄給我的。

15 參看賀拉斯的《諷刺詩集》，I，9，44 (在《瓦格納事件》第 6 節也曾引用)。

16 參看上文 "違反自然的道德" 第 2 節。

17 參看 "四大謬誤" 第 2 節和《瓦格納事件》第 1 節。

一個不合時宜者的漫遊 [1]

1 [2]

我做不到的事情。——**塞涅卡** [3]：或美德的鬥牛士。——**盧梭**：或回歸污穢的自然（in impuris naturalibus）。——**席勒**：或賽金根的道德號手。[4]——**但丁**：或在墳墓裏創作的鬣狗。**康德**：或作為理智特性的**偽善**。——**維克多·雨果**：或荒謬之海上的法絡斯燈塔。[5] **李斯特**：或熟練性訓練——跟隨女人。——**喬治·桑** [6]：或多產的乳牛（lactea ubertas）[7]，用德語說就是："姿勢優美的"乳牛。——**米什萊** [8]：或脫掉了外衣的熱忱。——**卡萊爾**：或作為被收回的午餐的悲觀主義。——**約翰·斯圖亞特·密爾**：或令人蒙羞的清楚。——**龔古爾兄弟** [9]：或與荷馬作戰 [10] 的兩個埃阿斯。[11] 奧芬巴赫的音樂。——**左拉**：或"令人作嘔的喜悅"。——

2 [12]

勒南。[13]——神學，或由"原罪"（基督教）導致的理性的墮落。勒南表明：一旦他冒險作出更為普遍的肯定或否定，他就會與嚴格的規律性失之交臂。[14] 例如，他想把科學（la science）和高貴（la noblesse）扯在一起：但很顯然，科學屬於民主政體。他雄心勃勃地希望表現一種精神上的貴族主義[15]：但同時他又向與之相反的學說即卑賤者的福音（évangile des humbles）頂禮膜拜，而且不僅僅是頂禮膜拜……如果一個人的內心深處仍然是基督徒、天主教徒甚至於牧師，一切自由精神、現代性、冷嘲熱諷和隨機應變又有何用！正如耶穌會教士和懺悔神父一樣，勒南在誘騙方面頗有建樹；他的才智不乏寬宏的教士般的微笑，—— 和所有的教士一樣，只有當他愛的時候，他才變得危險起來。他以一種致命的方式崇拜，在這方面他無人能敵[16]……勒南的這種精神是一種**令人麻木的**精神，對於貧窮、病態、意志薄弱的法國來說，它更多地是一個厄運。——

3[17]

聖佩甫。[18] —— 毫無陽剛之氣；對一切男人氣概充滿了卑鄙的痛恨。閒逛、細膩、好奇、無聊、好探聽，—— 根本就是一個女人，帶有女人的復仇慾和感性。作為心理學家，他是一個誹謗（médisance）的天才；這方面的手段用之不竭，沒有人比他更懂得如何把讚美和毒藥混在一起。在至深的本能中異常粗俗，與盧梭的**怨恨**如出一轍：因此，他是一個浪漫主義者，—— 因為在一切浪漫主義（romantisme）的背後，盧梭的本能都在嘟囔着、渴望着復仇。他是一個革命者，但仍然為恐懼所控制。在一切有權勢的東西（公共輿論、研究院、宮廷甚至王室的服飾）面前都沒有自由。他強烈反對人和事物中一切偉大的東西，反對一切自信者。為了感覺到偉大的力量，詩人和半個女人就足夠了；他不停地蠕動，就像那條著名的蟲子，因為它總是覺得被踩到了。[19] 作為沒有標準、立足點和脊樑的批評家，他用世界主義的不信教者（libertin）的口吻誇誇其談，卻沒有勇氣自己供認不信教（libertinage）。作為沒有哲學、沒有哲學洞察力的歷史學家，——所以，打着"客觀性"的幌子，拒不承擔在所有主要事情上作出判斷的職責。在一種更為細膩、更為陳腐的鑒賞力居支配地位的地方，他對一切事物的態度有所不同：在那裏，他的確有勇氣成為自己，自我陶醉，——在那裏，他是**大師**。——從某些方面看，是波德賴爾的一個雛形。[20]——

4

《效法基督》[21] 屬於那種我拿在手裏不可能沒有一種生理抵抗的書：她散發着一種永恆的女人**香**，一個人必須業已是法國人——或瓦格納分子——才會喜歡這種香氣……這個聖徒有一種談論愛的方式，甚至巴黎女人也會覺得好奇。——人們告訴我，那位**聰明至極的**耶穌會教士、那位試圖帶領他的法國人**繞道**科學向羅馬進發的奧古斯特‧孔德，從這本書中獲取了靈感。我相信這個說法："心靈的宗教"……

5 ²²

喬治‧艾略特。—— 他們擺脫了基督教的上帝，然而現在卻相信必須更加堅守基督教的道德：這是一種**英國式**的邏輯，我們無意因此抱怨艾略特式的道德女人。在英國，伴隨着從神學的每一次小小的解放，人們都要以一種可怕的方式作為道德狂熱者為自己恢復名譽。在那裏，這是人們支付的**罰金**。—— 對於我們這些另類的人來說，情況截然不同。如果人們放棄了基督教信仰，那麼，人們從而就剝奪了自己遵守基督教道德的**權利**。基督教道德決**不是**自明的：人們必須不顧英國人的愚鈍腦袋反覆揭露這一點。基督教是一個體系，是對事物的一種綜合的、**整體的**觀點。如果人們從這個體系中拆除了一個主要概念即上帝信仰，那麼，人們也就因此瓦解了這個整體：人們手中便再也沒有甚麼必要的東西了。基督教假定：人不知道、也不**可能**知道對他而言甚麼是善、甚麼是惡：他信仰上帝，唯有上帝知善惡。基督教道德是一種命令；它的起源是超驗的；它超出一切批評和一切批評權之外；唯有當上帝是真理時，它才具有真理性，—— 它與上帝信仰共存亡。—— 假如英國人真的相信他們自己"本能"

地知道甚麼是善、甚麼是惡，假如他們因而誤認為再也沒有必要把基督教作為道德的擔保，那麼，這本身僅僅是基督教價值判斷支配的**結果**，是這種支配的**強度**與**深度**的一種表現：以致英國道德的起源已經被遺忘了，以致其生存權的極為有限性已經不再被感覺得到了。對於一個英國人而言，道德尚不是一個問題……

6[23]

喬治‧桑。我曾經讀過《旅人書簡》的最初幾封書簡。和盧梭的所有作品一樣，虛偽、做作、煽情、誇張。我忍受不了這種花哨的壁紙風格；正如忍受不了賤民表現慷慨感情的虛榮心一樣。當然，最惡劣的還是女人用陽剛之氣、用頑皮的男孩兒的舉止賣弄風情。——在此過程中她必定是多麼冷靜啊，這個讓人無法忍受的女演員！她就像鐘錶一樣為自己上緊發條——進行寫作[24]……冷靜，如雨果，如巴爾扎克，如一切浪漫派作家，只要他們處於創作狀態！她會多麼自鳴得意地躺在那裏啊，這頭多產的寫作母牛[25]，她身上具有某種德國人的惡習，就像她的師傅盧梭本人一樣。無論如何，只有當法國人的鑒賞力衰退之時，她才可能登場！——但勒南崇敬她[26]……

7[27]

心理學家的道德。——不要炮製廉價心理學！不要為觀察而觀察！這會產生一種假像，一種斜視，以及某種強迫和浮誇的東西。帶着體驗的**願望**去體驗，是不會成功的。在體驗過程中，人們不**許**朝自己看，因為那樣的話每一個眼光都會變成"邪惡的目光"。一個有天賦的心理學家會本能地避免為看而看；這同樣適用於有天賦的畫家。他從不"按照自然"[28] 而工作，—— 他聽任他的本能、他的暗箱（camera obscura）對"事件"、"自然"和"經歷"進行篩選和表達……進入他意識的只有普遍的東西、結論和結果：他不知道對個別事件所作的那種任意的抽象。—— 如果人們換一種做法，比如，按照巴黎大大小小的小說家（romanciers）的方式炮製廉價心理學，情形會怎樣呢？這彷彿是埋伏在現實之中，每晚帶回家幾件新鮮玩意兒……但人們看到的只是最終得出的結果——一堆塗鴉，最多是一種拼花藝術，總之是某種拼湊的、喧鬧的、豔麗的東西。其中，龔古爾兄弟的情況最糟：他們不把三個不傷害眼睛、心理學家眼睛的句子連在一起。—— 若從藝術的角度評價，自然不是模型。它誇張，它歪曲，它留下缺陷。自然就是**偶然性**。在我看來，"按照自然"進行研究是一個壞的徵兆：它顯示出服從、虛弱和宿命論，—— 這種臣服於細枝末節（petits faits）的做法是與一個**完全的**藝術家不相稱的。看一看是甚麼東西—— 這屬於另一種精神，一種**反藝術的**、重事實的精神。人們必須知道自己是**誰**……

8^{29}

論藝術家心理學。──為了能夠有藝術，為了能夠有任何一種審美活動和審美直觀，一種生理前提必不可少：**醉**。醉必須首先提高整個肌體的興奮度：在此之前任何藝術都不會出現。所有極為不同類型的醉都具有這種力量：首先是性衝動的醉，這種最為古老、最為原始的醉。還有隨着一切強大慾望、一切強烈情感而出現的醉；節日的醉，競賽的醉，表演的醉，勝利的醉，一切極限運動的醉；酷刑的醉；破壞的醉；在特定氣象影響下出現的醉，如春天的醉；或者在麻醉劑的影響下產生的醉；最後，還有意志的醉，一種積蓄的、膨脹的意志的醉。──醉的本質乃力的提升與充沛之感。從這種感覺出發，人們作用於物，人們**強迫**它們接受我們的意志，人們對其實施強暴，──人們把這個過程稱為**理想化**。在此，我們要擺脫一種成見：理想化**不**像通常被認為的那樣，在於去除或者扣除細枝末節。毋寧說，重要的是最大限度地把主要特徵凸現出來，以致期間的其他特徵都消失了。

9

在這種狀態下，人由於其自己的充沛而使一切事物充實起來：人之所見，人之所願，皆是膨脹的、結實的、強大的和力量過剩的。這種狀態的人使物發生轉變，直至後者反映出他的權力，── 直至後者成為其完美性的體現。
這種轉變為完美性的**要求**就是 ── 藝術。甚至他之外的
一切事物，都變成了他的自娛自樂；在藝術中，人把自己
作為完美性來欣賞。── 人們可以設想一種相反的狀態，
本能的一種特定的反藝術家氣質，── 這是一個使萬物
貧乏、稀鬆、患上癆病的類型。事實上，歷史上太多這樣
的反藝術家，太多這樣的生命饑民：他們必然會把事物據
為己有，使其衰竭，使其愈加虛弱。例如，真正的基督徒
就是這種情形，例如，帕斯卡：**不可能出現**一個同時是藝
術家的基督徒……人們不要天真地用拉斐爾或者十九世紀
任何採用順勢療法的基督徒來反對我：拉斐爾說的是肯
定，拉斐爾**做**的是肯定，所以，拉斐爾不是基督徒……[30]

10[31]

由我引入美學的對立概念，即**阿波羅的和狄奧尼
索斯的** ── 二者都是醉的概念的類型 ── 是甚麼意
思？[32] ── 阿波羅式的醉首先使眼睛處於興奮狀態，從而
獲得夢幻的力量。畫家、雕塑家和史詩詩人都是卓越的
（par excellence）夢幻家。相反，在狄奧尼索斯狀態，全部
情緒系統都會興奮起來、高漲起來：從而把它的所有表
現手段一下子釋放出來，把表現、模仿、變形和轉換的
力量，把各種表演和做戲的力量同時調動起來。這裏，本
質的東西始終是變形的輕快，是不能**不作出反應**（類似於

某些歇斯底里患者的情形，他們也是按照每一種暗示進入
每一個角色的）。狄奧尼索斯式的人不可能不去領會任何
一種暗示，他不會忽略任何一種情緒的符號，他有最高程
度的領會和猜測的本能，正如他具有最高程度的傳達技巧
一樣。他進入每一個軀殼，進入每一種情緒之中：他不斷
地變形。——音樂，就我們今天對它的理解而言，同樣
是情緒的一種總激發和總釋放。然而，它只是一個豐富
得多的情緒表現領域的殘餘，是狄奧尼索斯戲劇的一種僅
存的**殘留物**。為了能夠使音樂成為單獨的藝術，人們使若
干感覺機能特別是肌肉機能停頓下來（至少相對說來是這
樣，因為在一定意義上所有的節奏仍然要訴諸於我們的肌
肉），於是，人們不再馬上活靈活現地模仿和表現他們感
覺到的一切。儘管這是真正的狄奧尼索斯的常態，總之，
是其原始狀態；音樂則是其逐漸獲得的新產品，代價是：
與這種原始狀態最為緊密地聯繫在一起的若干能力喪失
了。

11

從本性上看，演員、戲子、舞蹈家、音樂家和抒情詩
人基本上是同源的，原本是一體的，但逐漸專門化了，彼
此分離了——甚至於相互敵對起來。抒情詩人與音樂家、
演員與舞蹈家的聯盟最為長久。——建築師既不表現狄
奧尼索斯狀態，也不表現阿波羅狀態：在此，人們看到的

是偉大的意志行為，是移山的意志，是渴望藝術的偉大意
志的醉。最強者總是為建築師帶來靈感；建築師不斷地
受到權力的暗示。在建築物中，驕傲、對於重力的勝利、
權力意志應當得以體現；建築風格是通過形式表現出來
的一種權力口才，它時而勸説甚至迎合，時而命令。最高
的權力感和自信心通過具有**偉大風格**的建築物表現出來。
權力不再需要證明；它鄙視炫耀；它猛烈地回擊；它在
周圍感覺不到證人；在它的生存中，意識不到有與它對立
的東西；它立足於自身，宿命，是法中之法：偉大風格如
是説。

12[33]

我曾經讀過**湯瑪斯·卡萊爾**的生平，這齣違心
的**鬧劇**，這種對於消化不良狀況所作的英雄 —— 道
德解釋。—— 卡萊爾：一個大言不慚之人，一個**迫
不及待**的演説家，對於一種堅定信仰的渴望和無能達
到這種信仰的感覺不斷地折磨着他（人們從中可以看
到一個典型的浪漫主義者！）。渴望一種堅定的信仰
不是一種堅定信仰的證明，而是相反。**如果人們真的
具有這樣的信仰**，那麼，他們就可以經受形形色色、
五花八門的懷疑：他們足夠自信，足夠堅定，足夠自
制。卡萊爾為信仰堅定的人高唱讚歌，對不太單純的
人勃然大怒，他借此麻痹自己身上的某些東西：他

需要喧鬧。對自己始終抱有強烈的**不誠實**態度——這就是他的特色(proprium),他因此成了並且始終是人們關注的焦點。——然而,在英國他恰恰因為其誠實而受到人們的讚歎……這就是英國式的;考慮到英國人是十足的假話(cant)之邦,這一點就不僅可以理解,甚至是合理的了。總的說來,卡萊爾是這樣一個英國無神論者,他以不是無神論者為榮。

13

愛默生。——比卡萊爾開通、逍遙、圓滑、巧妙得多,特別是幸運得多……他是這樣一個人:本能地只接近美食,而把事物中難消化的東西剩下。與卡萊爾相比,他被認為是一個有趣味的人。——儘管卡萊爾非常喜歡他,但還是這樣說他:"他沒有給**我們**足夠的東西可咬"。這話也許說得不錯,但無損於愛默生。——愛默生具有那種善良、風趣的開朗,令一切嚴肅卻步;他完全不知道自己已經多大了,也不知道還會變得多麼年輕,——他可以用維迦[34]的話這樣說自己:"我是我自己的後嗣(yo me sucedo a mi mismo)。"他的精神總是能夠找到滿足甚至感激的理由;有時,他開朗到那位老實人的超然境界:此人彷彿完成了自己的使命(tamquam re bene gesta)似地從一次愛情幽會返回。"雖然雄風不再"(ut desint vires),他感激地說,"但樂趣終可稱道"(tamen est laudanda voluptas）。³⁵

14

　　反達爾文。—— 至於那著名的"**生存競爭**"，在我看來，目前與其說得到了證明，不如說只是一種斷言。它確實存在，不過只是作為例外；生命的整體方面**不是**匱乏狀態和飢餓狀態，而是豐富、茂盛甚至於近乎荒唐的揮霍，—— 凡有競爭發生的地方，都是為了**權力**而競爭……人們不要把馬爾薩斯和自然混為一談。—— 但假定有這種競爭 —— 事實上，這種競爭的確存在 ——，可惜其結果與達爾文學派所期望的、與人們或許和他們一樣期望的相反：即不利於強者、特權者和幸運的例外者。物種**不是**在完美狀態中生長的：弱者一再成為強者的主人，—— 之所以這樣，因為它們是大多數，它們也更為**精明**……達爾文忘記了精神（—— 這是英國式的！），**弱者更具有精神**……為了得到精神，人們一定需要精神，—— 當人們不再需要精神的時候，他們就會失去它。誰有勢力，誰就會擺脫精神（——"讓它見鬼去吧！"在當今的德國，人們就是這樣想的 ——"我們畢竟還有天國"³⁶……）。正如人們看到的那樣，我所理解的精神，指的是謹慎、忍耐、狡詐、偽裝、巨大的自我克制，以及一切屬於模仿（mimicry）的東西（大部分所謂的美德都屬於後者）。

15 [37]

心理學家辨析。這是一個對人有所了解的人：他到底為甚麼要研究人呢？他要在他們身上謀求小利，或許還有大利，——他是一個政客！……那邊那位也是一個對人有所了解的人：他對他們說，他不想借此為自己撈取任何東西，這算得上是一個偉大的"非個人主義者"。看好了！也許他要謀求一種**更險惡的**利益：感覺自己高人一等，可以蔑視他們，不再把自己和他們混為一談。這位"非個人主義者"是一個人類**蔑視者**：前面那位是更人性化的**類型**（species），這一點一目了然。至少他一視同仁，他把自己放**進去**……

16

種種情況向我表明，德國人的心理成熟程度是成問題的，為了謙虛起見，我不準備對這些情況一一列舉。在一種情況中，我有足夠的理由論證我的論點：我對德國人耿耿於懷，他們在康德及其"後門兒哲學"——這是我的命名——問題上完全搞錯了，——這**不是**理智誠實的典範。——我不喜歡聽到的另一種東西，是臭名昭著的"和"字：德國人說"歌德**和**席勒"，——我怕他們說"席勒和歌德"……難道人們還不**認識**這個席勒？——還有更惡劣的"和"字；我親耳聽到過——不過僅僅是在大學

教授中間 ——"叔本華和哈特曼 [38]" ……[39]

17

最具精神性的人 —— 假定他們是最勇敢的人 —— 也絕對會經歷最為痛苦的不幸：但正因如此他們尊重生命，因為生命以其最強大的敵對態度與他們相對抗。

18 [40]

論"**理智良知**"。 —— 在我看來，如今再沒有比真正的偽善更罕見的了。我很是懷疑，我們文化的柔和空氣不利於這種植物。偽善屬於堅定信仰的時代：那時，甚至在人們**被迫**做出接受另一種信仰的姿態時，他們也不會放棄過去的信仰。現在，人們放棄了這種信仰；或者更為通常的方式是，人們又添加了第二種信仰，—— 在每一種情況中，人們都是**誠實的**。毫無疑問，如今有可能有比從前多得多的信念：有可能，就是說允許，就是說**沒有危險**。於是出現了自我寬容。 —— 自我寬容允許更多的信念：這些信念甚至和平共處，它們避免陷於窘境，就像眼下全世界都在做的那樣。如今人們怎樣才會陷入窘境？當他們保持首尾一貫的時候。當他們走直線的時候。當他們不夠模棱兩可的時候。當他們真實的時候……我很是擔心，就某些罪惡而言，現代人簡直太過懶散了，以致這些罪惡正在絕跡。在我們溫和的空氣中，一切有賴於堅定意

志的惡 —— 也許沒有無需意志堅定的惡 —— 都退化為美
德……我認識的少數幾個偽善者都是在模仿偽善：他們
是演員，如今幾乎每十個人中就有一個這樣的人。——

19[41]

　　美與醜。—— 沒有甚麼比我們的美感更有條件，或
者說**更受限制**的了。誰要想脫離人對人的愉悅去思考美
感，誰就會馬上喪失根據和落腳點。"自在的美"僅僅是
一個語詞，從來不是一個概念。在美中，人把自身設置為
完美的尺度；在適當的情況下，他在美的事物中崇拜自
己。除此之外，一個物種便根本不能單獨地進行自我肯
定。其**至深**本能，即自我保存和自我擴張本能，在這些昇
華物中依然可見。人相信世界本身充滿了美，—— 他**忘
記了**自己是美的原因。恰恰是他把美送給了世界，啊！在
我看來，這不過是一種人性的、太人性的美……從根本
上說，人把自己投射在物中，又把一切反射出他的形象的
事物叫做美的事物："美"的判斷是其**物種虛榮心**。因為
一個小小的懷疑可能會在懷疑論者耳邊提出這樣的問題：
就是因為人認為世界是美的，世界就真的因此被美化了
嗎？他把世界**人化**了：僅此而已。但是，沒有任何東西，
絕對沒有任何東西向我們擔保：只有人才是美的模型。
誰知道在一個更高的審美法官眼中人會是甚麼樣子呢？
也許是膽大妄為？也許是自娛自樂？也許有一點獨斷？

……"啊，狄奧尼索斯，我的天神，你為甚麼拉我的耳朵？"在納克索斯島[42]進行的一場著名對話中，阿里阿德涅曾經問她的哲學情人。"我在你的耳朵裏發現了一種幽默，阿里阿德涅[43]：它們為甚麼不再長些呢？"[44]

20

沒有甚麼東西是美的，只有人是美的。全部美學就建立在這個樸素的觀念之上，它是美學的**第一條**真理。我們馬上為其補充第二條真理：沒有甚麼東西是醜的，只有**退化的**人是醜的，—— 審美判斷的領域就此得以規定。—— 從生理學角度看，一切醜陋的東西都會令人虛弱和苦惱。它令人聯想到衰敗、危險和無能；面對醜陋之物，人真的會喪失力量。人們可以用測力計測量出醜陋事物的作用。一般說來，凡人受到壓制的地方，他就會預感到某種醜陋之物的臨近。他的權力感、他的權力意志、他的勇氣、他的驕傲 —— 所有這些都會隨醜陋的東西而下降，隨美的東西而上升……在兩種情況中，**我們都可以得出一個結論**：無論是美還是醜，其前提都異常豐富地儲存在本能之中。醜被理解為衰退的一種暗示和徵兆：哪怕甚麼東西隱約使人想起衰退，該物也會在我們心中喚起"醜的"判斷。每一種枯竭、沉重、衰老、疲倦的症狀，每一種不適，比如痙攣和麻痺，特別是溶液和腐爛的氣味、顏色和形狀，就算最終已經淡化為符號——

所有這些都會引起同樣的反應："醜的"價值判斷。這時，一種**憎恨**會油然而生：人此時憎恨的是誰呢？毫無疑問：**他的類型的衰落**。此時，他出於至深的類本能而憎恨；在這種憎恨中，有震顫、謹慎、深刻和展望，——這是世上最深刻的恨。藝術因此而**深刻**……[45]

21

叔本華。——對於一個心理學家來說，叔本華，這最後一個值得一提的德國人（——和歌德、黑格爾、亨利希·海涅一樣，他是一個**歐洲**事件，而不僅僅是一個本地事件，一個民族事件），是一個頭等事件：因為他代表了這樣一種惡意的獨創性企圖：為了說明生命的虛無主義的總體貶值，提出的理由卻恰恰是相反的情況，即"生命意志"的巨大的自我肯定和生命的健康形式。他依次把**藝術**、英雄主義、天才、美、巨大的同情、認識、求真理的意志和悲劇解釋為意志的否定或意志的否定需要的後果——這是歷史上除基督教以外最大的心理學的造假行為。仔細加以考察，在這方面他純粹是基督教解釋的繼承人：只不過他還知道在一種基督教的意義上，即在虛無主義意義上對遭到基督教**否決**的東西——人類偉大的文化事實——加以**認可**（——即作為通向"解脫"之路，作為"解脫"的雛形，作為"解脫"需求的刺激劑（stimulantia）……）

22

我只提一件事。叔本華用一種憂傷的情感談論美，——
這究竟為甚麼？因為他從中看到了一座使人超度或者
使人渴望超度的**橋樑**……在他看來，美就是暫時得以從
"意志"解脫 —— 它把人們引向永久的解脫……特別是
他把它稱頌為使人擺脫"意志的核心"、擺脫性慾的救
星，—— 在美中，他看到的是生殖衝動**遭到否定**……真
是一個古怪的聖人！恐怕如果有甚麼人反駁你的話，那就
是大自然。大自然的聲音、顏色、芳香和有節奏的運動
中到底**為甚麼**會有美？甚麼東西**激發**了美？幸虧還有一
位哲學家反駁他。一位在權威性上不亞於神聖的柏拉圖[46]
的哲學家（—— 叔本華本人這樣稱呼他）支持另一種觀
點：一切美都會刺激生殖，—— 這恰恰是美的作用的特
色（proprium），從最感性的直到最精神性的……

23

柏拉圖走得更遠。他純潔 —— 要想具有這種純潔，
一個人必須是希臘人，而不是"基督徒"—— 地說，如果
雅典沒有如此漂亮的青年，就決不會有柏拉圖哲學：他們
的目光使哲學家的心靈進入一種色情的癲狂狀態，春心蕩
漾，直到它把一切崇高事物的種子埋到這塊如此美麗的土
壤裏。[47]這也是一個古怪的聖人！—— 就算人們相信柏

拉圖，他們也不相信自己的耳朵了。至少人們可以猜到，
在雅典，人們是以**另外的方式**從事哲學的，特別是在公開
的場合。沒有甚麼比一個隱士編織概念羅網、比斯賓諾
莎式"對上帝的理智的愛"（amor intellectualis）—— 更少
希臘色彩的了。按照柏拉圖的方式，哲學應當被定義為一
種色情競賽，一種對古老的競賽體操及其**前提**的研修與沉
思……從柏拉圖這種哲學的色情中最終生長出了甚麼？
希臘競賽（Agon）的一種新的藝術形式，辯證法。——
我還想起了下述一個反對叔本華、支持柏拉圖的事實：
古典法蘭西的全部高級文化和文學也都是在性興趣的土
壤之上生長起來的。在那裏，人們可以隨處尋找獻媚、
性慾、性競爭和"女人"，—— 人們決不會徒勞地尋找的
……

24[48]

為藝術而藝術（L'art pour l'art）[49]。反對藝術中目的
性的鬥爭，始終是反對藝術中**道德化**傾向、反對藝術從
屬於道德的鬥爭。為藝術而藝術意味着："讓道德見鬼去
吧！"—— 然而，甚至這種仇恨依然顯示出偏見的支配。
就算人們把道德說教和人類改善的目的從藝術中排除出
去了，那麼，在相當長的時間內也不會出現這樣的結果：
藝術完全變成了無目的、無目標、無意義的，簡言之，
為藝術而藝術 —— 一條咬住自己尾巴的蠕蟲[50]。"寧願

根本沒有目的，也不要一個道德目的！”赤裸的激情如是
說。與此相反，一個心理學家問道：藝術都在幹甚麼？它
不頌揚嗎？它不讚美嗎？它不挑選嗎？它不偏愛嗎？藝
術通過所有這些強化或弱化某種評價⋯⋯這僅僅是一種
附帶情況？一個偶然事件？某種根本沒有藝術家本能參
與的東西？或者：這不正是藝術家**可以**有所作為的前提
嗎⋯⋯？藝術家的至深本能是指向藝術，還是指向藝術的
意義即**生命**，指向一種**生命希求**？ —— 藝術是生命的巨
大**興奮劑**：怎麼可以把它理解為無目的、無目標，理解為
為藝術而藝術呢？ —— 有人也許會反問：藝術也表現生
命中很多醜的東西、冷酷的東西和可疑的東西， —— 看
上去它不是在借此破壞生命嗎？ —— 事實上，真的有哲
學家把這種意義賦予藝術：叔本華把“擺脫意志”看作藝
術的總體目標，把“使人聽天由命”推崇為悲劇的偉大效
用。 —— 但我已經表明，這是悲觀主義的視角，是“邪惡
的眼光” —— ：人們必須訴諸藝術家自己。**悲劇藝術家
從自己身上傳達出了甚麼？**不正是在他所顯示的可怕和
可疑之物面前表現出的無畏狀態嗎？ —— 這種狀態本身
就是人們熱切希求的；凡了解它的人，無不報以最高的敬
意。只要他是一個藝術家，一個傳達的天才，他就會傳達
它，他一定會傳達它。在一個強敵面前、在一個巨大的不
幸面前、在一個令人恐懼的問題面前表現出的勇敢和情
感自由 —— 悲劇藝術家正是挑選出這種**勝利的**狀態加以

稱頌。在悲劇面前，我們靈魂中的鬥士歡慶自己的狂歡節；誰習慣於痛苦，誰尋找痛苦，**英雄**人物就會用悲劇歌頌他的生存，——悲劇作家只把這最甜美的殘酷之酒敬獻給他。——

25 [51]

敞開心靈，容忍別人，這是寬容，但也僅僅是寬容。人們知道有些心靈能夠做到**高貴的**好客，在這樣的心靈上，有很多拉上窗簾的窗戶和關閉的百葉窗：它們把自己最好的房間空了出來。為甚麼？——因為它們在等待人們不能"容忍"的客人……

26

當我們傳達自己時，我們不再能充分地尊重自己。我們本己的體驗完全是不善言辭的。就算它們想傳達自己，它們也做不到。這是因為它們缺乏語詞。我們已經超出了我們用語言所要表達的東西。在所有言談中，都包含着幾分蔑視。語言彷彿只是為平均的東西、中等的東西和適於言談的東西而發明的。說話者已經用語言把自己**平庸化**了。——從聾啞人和另類哲學家的道德看來。

27 [52]

"這幅畫像美得令人陶醉！" [53]……文學女人，不滿足、神經過敏、身心空虛，隨時帶着令人痛苦的好奇心傾聽從其肌體深處低聲發出的命令"不是孩子就是書籍 (aut liberi aut libri)"：文學女人，受過良好的教育，足以理解自然之音，即使它說的是拉丁文。另一方面，她又有足夠的自負和愚蠢，悄悄地和自己說法語："我將看我自己，我將讀我自己，我將對自己着迷並且說：可能我真有如此才智吧？"(je me verrai, je me lirai, je m'extasierai et je dirai: possible, que j'aie eu tant d'esprit?）……[54]

28[55]

"非個人主義者"得到了發言機會。——"對我們來說，沒有甚麼比明智、容忍和冷靜更容易做到的了。我們周身充滿了寬容和同情之油，我們以一種荒唐的方式而公正合理，我們寬恕一切。正因如此，我們應當更嚴厲一些；正因如此，我們應當間或使自己**養成**一種小小的情緒衝動，一種小小的情緒衝動的惡習。這可能會使我們感到很困難。在我們中間，我們也許會嘲笑我們所提出的這種觀點。但有甚麼辦法呢！我們再也沒有其他方式的自我克制了：這是**我們**的禁慾主義，**我們的贖罪**"……**變得個性化**——"非個人主義者"的美德……

29

選自一場博士考試。——"一切高等教育的任務是甚

麼？"——基於把人變成一部機器[56]。"達到此目的的手段
是甚麼？"——他必須學會厭倦。"如何才能做到這一點？"
——通過義務概念。"在這方面誰是他的榜樣？"——教
人**死用功**的語文學家。"誰是完美之人？"——國家官
吏。"何種哲學為國家官吏提供了最高的準則？"——康
德哲學：作為自在之物的國家官吏被推舉為法官，審判作
為現象的國家官吏。——

30

做蠢事的權利。——疲勞的、呼吸緩慢的工作者，
目光柔和，隨遇而安：如今在工作時代（**以及**"帝國"時
代）、在社會各階層都可以遇到的這種典型人物，現在恰
恰為自身爭取**藝術**了，包括書籍，特別是雜誌，——尤
其是美麗的大自然，意大利……這種衰退之人——帶有
《浮士德》所說的"沉睡的原始本能"[57]——需要避暑地、
海濱浴場、冰川、拜洛伊特[58]……在這樣的時代，藝術有
權做地道的蠢事，——作為精神、詼諧和心情的一種假
期。瓦格納明白這一點。**地道的蠢事**有復原之效……

31[59]

還有一個飲食問題。——尤里烏斯・愷撒用以抵禦
疾病和頭痛的方法：強行軍，最簡單的生活方式，長期住
在戶外，不斷的辛勞——一般說來，這都是對付那台敏

感的、在最高壓力下工作的機器 —— 這樣的機器叫作天才 —— 之極端脆弱性的維護和保護手段。——

32[60]

非道德主義者説話了。 —— 沒有甚麼比**有所願望之人**更違反哲學家趣味的了……如果他只從其行動中看人，如果他看到這種最勇敢、最狡猾、最堅強的動物迷失在迷宮般的困境之中，那麼，他會覺得人是多麼值得讚歎啊！他還要鼓勵他……但哲學家鄙視願望着的人，也鄙視"理想的"人 —— 鄙視人的一切願望、一切**理想**。如果説一個哲學家可以是一個虛無主義者，那麼，他就會是，因為他在人的一切理想背後發現的是無。或者説還不曾是無，—— 而僅僅是無價值、荒謬、病態、懦弱和疲憊之物，是從其生命之**飲乾的**酒杯倒出的各種沉澱物……作為現實如此可敬的人，一旦有所願望，便不值得尊敬了，這是怎麼回事？作為現實他是如此踏實，他必須為此受罰嗎？他必須通過在想像和荒謬之物中伸展四肢為他的行動、為一切行動中的大腦和意志緊張作出補償嗎？——迄今為止，人的願望史始終是人的不光彩部分（partie honteuse）：人們應當避免過久地在那裏閱讀。為人進行辯護的是其現實，—— 它將永久地為人進行辯護。與任何一種純粹臆想出來的、夢想出來的厚顏無恥之人相比，與任何一種**理想的**人相比，現實之人的價值是何等之高？

……只有理想的人才違反哲學家的趣味。

33

利己主義的自然價值。—— 自私自利與自私自利者的生理學價值相當：它可能價值連城，也可能一文不值，遭人唾棄。每一個個人都可以根據下述一點得到審查，即他體現的是上升的生命路線還是下降的生命路線。在這樣一點得到確認之後，人們也就擁有了一個標準，用以確定他們的自私自利到底有何價值。如果他體現的是路線的上升，那麼，事實上他的價值就是非凡的，—— 為了借助他而**邁進**一步的總體生命之故，他對保持和創造自己最佳狀態的關心甚至會達到登峰造極的程度。迄今為止，大眾和哲學家所理解的個人或"個體"無疑是一個錯誤：他決不是自為的，不是一個原子，不是"鏈條的一環"，決不僅僅是以前的遺傳物，—— 他還是到他為止人的一整條路線本身……如果他體現的是下降的發展、衰敗、緩慢的退化和疾病（—— 從總體上看，疾病已經是衰敗的後果，而不是它的原因），那麼，他就沒有甚麼價值，因而，最起碼的公正就要求他盡可能少地**蠶食**成功者。他純粹是後者的寄生蟲……

34

基督徒與無政府主義者。—— 當無政府主義者 ——

作為**衰退的**社會階層的代言人 —— 暴跳如雷地要求"權利"、"公正"和"平等"的時候，他不過是受其粗野本性的驅使，而這樣的本性根本不懂得把握這樣一點：他到底**為甚麼**受苦， —— 他缺乏**甚麼**，缺乏生命……他身上的原因衝動極為強大：他感覺不爽，必須有人對此負責……"暴跳如雷"本身就已經令他愉快，對於一切窮鬼而言，漫罵是一件快事 —— 它有一種小小的權力陶醉。也許抱怨和訴苦也可以為生命添彩，以便人們能夠忍受它：每一種抱怨中都暗含着一種周密的**報復**，人們因為自己的不爽、有時甚至因為自己的卑鄙而指責那些與他們不同的人，彷彿後者是一種犯罪，是一種**違法**的特權。"假如我是一個**無賴**，那麼，你也應該是"：人們就是從這樣的邏輯出發鬧革命的。 —— 訴苦毫無用處：它源於虛弱。至於人們是把自己的不爽歸咎於他人，還是歸咎於他們自己（例如，社會主義者的行為如同前者，基督徒的行為則如同後者），根本沒有實質性的分別。二者的共同之處，而且我們說也是**不體面之處**在於：必須有人對他受苦這件事**負責** —— 簡言之，受苦者為自己開出報復的蜂蜜，用以治療他的痛苦。這種報復需要 —— 也是一種**樂趣**需要 —— 的目的是一些臨時的原因：受苦者隨處都可以找到平息其卑鄙報復的原因， —— 再說一遍，如果他是基督徒，那麼，他就會在**自己身上**找到這種原因……基督徒和無政府主義者 —— 二者都是**頹廢者**。 —— 當基督徒譴責、詆毀、醜化"世界"時，當社會主義工人譴責、詆毀、醜化**社會**時，他們是出於同樣的本能："末日審判"本身也是報復的甜蜜慰藉—— 革命，即社會主義工人所期待的那種革命，只不過被設想得稍微遙遠一些⋯⋯"彼岸"本身—— 倘若它不是一種醜化此岸的手段，那麼，要一個彼岸幹甚麼？⋯⋯

35

對頹廢道德的批判—— 一種"利他主義"道德，一種令自私自利**枯萎**的道德，在任何情況下都是一種壞的徵兆。這一點適用於個人，這一點尤其適用於民族。當自私自利開始匱乏時，最好的東西也就匱乏了。本能地選擇不利於**自己的**東西，**傾向於**"無利害的"動機，這幾乎就是**頹廢**的公式。"不謀求**私利**"—— 這純粹是一種全然不同的即生理事實的道德遮羞布："我不再懂得**找到**我的利益"⋯⋯本能的崩潰！—— 當人變成利他主義者的時候，他也就走到了盡頭。—— 道德謊言不是樸素地說，"我不再有任何價值"，而是借頹廢者之口說："沒有甚麼有價值的東西，—— **生命**毫無價值"⋯⋯這種判斷始終是一個巨大的危險，它是傳染性的，—— 在完全病態的社會土壤上，它迅速生長為熱帶概念植物，時而作為宗教（基督教），時而作為哲學（叔本華主義）。這種從腐爛中生長起來的有毒植物，可以通過其毒氣數千年地毒害**生命**⋯⋯

36 [61]

醫生的道德。——病人是社會的一個寄生蟲。在一種特定情況下，再繼續活下去是不高尚的。在喪失了生命的意義和生命的權利之後，卑劣地靠醫生和醫術苟延殘喘，應當在社會上遭到深深的鄙視。而醫生應當是這種鄙視的代理人，——每天擺在其病人面前的，不是藥方，而是一服新的**憎恨**……為生命、**上升**生命的最高利益要求無情地壓倒和壓垮**衰退**生命的一切場合，制定一種新的責任，即醫生的責任——例如，關於生育權的責任，關於出生權的責任，關於生存權的責任……當不再能以一種驕傲的方式活着的時候，就以一種驕傲的方式死去。自願選擇的死，適時的死，清醒而欣喜地執行於子女和證人面前：這樣，還有可能做一種真正的告別，因為**辭別者尚在**；同時，還可能對他的成就和願望做一次真正的估價，對生命做一番**總結**——所有這些都與基督教在彌留之際所上演的可憐又可怕的喜劇截然相反。人們決不應當忘記：基督教濫用垂死者的虛弱實施良心強姦，妄用死亡方式本身對人及其過去進行價值判斷！這裏，重要的是擺脫各種源於成見的怯懦，首先確立對所謂**自然**死亡的正確的即生理學評價：這種死亡最終也僅僅是一種"非自然的"死亡，一種自殺。人決不是死於他人，而是死於他自己。只不過這是在最可鄙情況下的死，一種不自由的死，一種不

適時的死，一種懦夫的死。人們應當出於生命之愛期望另一種死：自由而清醒，沒有意外事故，沒有突然襲擊……最後，向悲觀主義者先生們和其他頹廢者提出一個忠告。我們不能親手阻止出生：但我們可以彌補這個過錯 —— 因為有時出生就是一個過錯。當一個人廢除了自己的時候，他就做出了世上最值得尊敬的事情：他差不多沒有白活……社會（我說甚麼呀！）、生命本身從中獲得的利益要比從隨便哪種禁慾、貧血和其他美德的"生"中獲得的利益更多，—— 他使別人擺脫了他的樣子，他使生命擺脫了一種異議……只有通過悲觀主義者先生們的自我反駁，**純粹的、本來的**悲觀主義**才能得到證明**：一個人必須按他的邏輯再前進一步，不是像叔本華所做的那樣，僅僅用"意志和表像"否定生命 —— 他必須**首先否定叔本華**……順便指出，儘管悲觀主義具有傳染性，但它並沒有使一個時代、一整代人的病態有所增加：它是這種病態的表現。人們成為它的犧牲品，就像他們成為霍亂的犧牲品一樣；他們必定已經病入膏肓。悲觀主義者本身沒有產生一個頹廢者；我想起了下述統計結果：在霍亂肆虐的那些年份，死亡事件的總體數字與其他年份並無差別。

37

　　我們是否變得更道德了。—— 正如預期的那樣，全部道德愚昧的暴行 —— 眾所周知，這在德國被當作了道

德本身 —— 都拼命反對我的 "超善惡" 概念了：我不得不
講一講這方面的精彩故事。首先，人們要我認真思考一
下我們的時代在道德判斷方面 "不可否認的優勢" 以及我
們在該領域實際取得的**進步**：和**我們**相比，愷撒・博爾
吉亞[62]之流絕對算不上一個 "高尚的人"，算不上我所提
出的那種**超人**……《聯邦報》的一位瑞士編輯[63] —— 他對
進行這種冒險行動的勇氣不無敬佩之情 —— 走得如此之
遠，竟然這樣理解我的著作的意義：我想用它廢除一切正
派的情感。感激不盡！[64] —— 作為答覆，我允許自己提出
這樣的問題：**我們是否真的變得更道德了**。全世界都相
信這一點，這已經是對它的一種反駁……我們這些極為
脆弱、極易受傷害、相互關懷備至的現代人實際上認為：
我們所表現出來的這種脆弱的人性，在愛惜、互助和互信
方面所**達成的**這種一致，都是一種積極的進步，因此我們
遠遠超過了文藝復興時期的人。然而，每個時代都會這樣
想，也**必定**這樣想。毫無疑問，我們不能置身於、也不能
深入設想文藝復興時期的狀況：我們的神經經受不了那
種現實，更不用說我們的肌肉了。但這種無能所證明的並
不是任何進步，而僅僅是另一種更遲暮的狀況，一種更虛
弱、更脆弱、更易受傷害的狀況，從這種狀況中必然產生
一種**體貼入微的**道德。如果撇開我們的脆弱與遲暮、我
們生理上的老化，那麼，我們 "人性化" 的道德也就會立
刻喪失其價值（單就自身而言，任何道德都是無價值的）：

它會喚起我們自己對它的鄙視。另一方面，我們對下面一點深信不疑：在愷撒‧博爾吉亞的同代人看來，我們現代人無異於一出令人捧腹的喜劇，因為我們的人性被厚厚的棉絮包裹着，脆弱得不堪一擊。由於我們的現代"美德"，我們註定顯得極為滑稽……敵對的和引發猜疑的本能之衰退——這就是我們的"進步"——僅僅是**生命力**總體衰退的一個結果：要完成這樣一個如此有限的、如此遲暮的生命，需要付出百倍的努力和謹慎。在這裏，人們相互幫助；在這裏，每個人在一定程度上都既是病人，又是看護者。這就叫"美德"——：在對生命有不同理解的人們中間，在更充實、更揮霍、更滿溢的人們中間，他們對其有另外的稱呼，也許是"怯懦"、"可憐"、"老婦人道德"……我們的道德的柔化——這是我的命題，如果人們願意，也可以説是我的創新——是衰退的一個結果；相反，道德的嚴酷和可怕可能是生命過剩的一個結果。因為在這種情況下，才會有太多的冒險、太多的挑戰和太多的**揮霍**。以前的生命調味品，對我們來説則是毒藥……我們同樣太老邁、太遲暮了，因而做不到冷漠——這也是嚴酷的一種形式——了：我們的同情道德（我是第一個警告人們提防它的人）——人們可以稱之為道德印象主義（I'impressionisme morale）——更多地是一切頹廢之物所共有的生理過敏的一種表現。那個試圖通過叔本華的**同情道德**科學地展示自己的運動——這是一種極為不幸的嘗

試！—— 是道德中的一種真正的頹廢運動，與基督教道
德極為相似。強盛的時代、**高貴的**文化在同情和博愛中，
在缺乏自我和自信中看到的是某種可鄙的東西。——
時代應當按照它們的**積極**力量得以衡量 —— 那個如此揮
霍、災難性的文藝復興時代是作為最後的**偉大**時代出現
的，而我們、我們這些有着膽怯的自助與博愛，有着工
作、謙遜、誠實、科學 —— 積攢、節儉、刻板 —— 美
德的現代人卻是作為**衰弱的**時代而出現的……我們的美
德是我們的衰弱決定的、**造成**的……"平等" —— 某種
事實上的一刀齊，只不過通過"平等權利"理論表達出
來而已 —— 本質上屬於衰退之列；人與人之間、等級與
等級之間的鴻溝，類型的多樣性，保持和突出自我的意
志。—— 這就是我所説的**距離的激情**，它為每一個強盛
的時代所固有。極端之間的張力和跨度現在變得越來越
小了，—— 最終，極端本身日益模糊從而變成了相似
……我們的全部政治理論**和國家憲法** —— "德意志帝國"
決不能除外 —— 都是衰退的結論和必然後果；頹廢的無
意識影響甚至控制了個別科學的理想。我一直對整個英
國和法國的社會學存有異議：它只是從經驗出發認識社
團的**衰敗結構**，天真無邪地把自己的衰敗本能當作社會學
價值判斷的準則。**衰退的**生命，一切組織能力的減弱，即
分化能力、挖掘鴻溝能力、支配和指揮能力的減弱，在當
今的社會學中被當成了**理想**……我們的社會主義者是頹

廢者，而赫伯特・斯賓塞先生也是一個頹廢者，—— 他在利他主義的勝利中看到了某種值得嚮往的東西！……

38⁶⁵

我的自由概念。—— 一件事情的價值有時並不在於人們通過它獲得了甚麼，而在於人們為它付出了甚麼，—— 它**花費**了我們甚麼。我舉一個例子。自由主義機構一經建立，它們馬上就不是自由主義的了：此後，就對自由的損害而言，沒有比自由主義機構更嚴重和徹底的了。人們知道它們都做了些**甚麼**：它們暗中破壞權力意志，它們把拉平山峰與山谷抬舉為道德，它們使人卑賤、懦弱、耽於享樂，—— 通過它們，群居動物總是獲勝。自由主義：用德語說就是**使人群動物化**……只要它們還是有待努力爭取的目標，那麼，同樣的機構則會產生完全不同的作用；在這種情況下，它們事實上會以一種強有力的方式促進自由。深究起來，是產生這種作用的戰爭，是為確立自由主義機構而進行的戰爭本身使得**非自由主義**的本能得以持續。戰爭培育了自由。因為甚麼是自由？就是一個人有自己承擔責任的意志；就是一個人堅持把我們彼此分開的那種距離；就是一個人對於艱難、困苦、貧困甚至生命變得愈加冷漠。就是一個人準備為了自己的事業犧牲人類，包括他自己。自由意味着男性的、好戰好勝的本能支配其他本能，例如"幸福"本能。**自由**的人 ——

更不用說自由的精神了 —— 鄙視小商販、基督徒、母牛、女人、英國人和其他民主主義者所夢想的那種可鄙的舒適。自由的人是**戰士**。 —— 根據甚麼衡量個人和民族的自由呢？根據必須加以克服的阻力，根據保持**支配地位**所花費的努力。人們必須到最高的阻力不斷被克服的地方去尋找自由之人的最高類型：距暴政咫尺之遙，瀕臨受奴役的危險。如果人們在此把"暴君"理解為喚起**最大程度**權威和自我約束的冷酷而可怕的本能，那麼，上述一點在心理學上就是真實的 —— 最好的典型就是尤利烏斯・愷撒；如果人們回顧一下歷史，那麼，上述一點在政治學上也是真實的。曾經有一定價值、**變得**有價值的那些民族，決不是在自由主義機構之下變成那樣的：巨大的危險在這些民族中造就了一些令人敬畏的東西，這種危險使我們了解了我們的救助手段、我們的美德、我們的武器裝備、我們的**精神**， —— 危險迫使我們堅強……**第一原理：人**必須有堅強的需要，否則，決不會變得堅強起來。那些培育強者、培育有史以來最強者的巨大溫室，即羅馬和威尼斯那樣的貴族團體，恰恰是在我所理解的自由一詞的意義上理解自由的：它是人們既擁有又不擁有的東西，是人們所要求的東西，是人們**贏得**的東西……

39

現代性批判。 —— 我們的機構不再有任何用處，對此人們業已達成共識。但過錯不在它們，而在我們。在我們喪失了那些機構由之生長的全部本能之後，我們也就徹底喪失了那些機構，因為我們對它們不再有用。民主主義過去始終是組織性力量的衰退形式：在《人性的，太人性的》第一卷第318節，我已經把現代民主制度連同其半成品——比如"德意志帝國"——刻畫為**國家的衰敗形式**。為了能夠有機構，必須有一種意志、本能和律令，它們的反自由主義到了近乎惡毒的地步：必須有要求傳統、權威、長久責任和世代團結的意志。如果有了這種意志，那麼，某種類似於羅馬帝國（imperium Romanum）或俄國的東西便會被建立起來。俄國是當今唯一有生命活力、可以期待、尚可許諾一些東西的勢力，——俄國與不幸的歐洲割據和緊張不安狀態形成對照，隨着德意志帝國的建立，這種割據和緊張不安步入了一個緊要關頭……整個西方不再具有機構和**未來**由之生長的那些本能：也許沒有甚麼東西如此不符合其"現代精神"的了。人們得過且過，急功近利，不負責任：而人們恰恰把這叫做"自由"。那使機構成為機構的東西，遭到鄙視、仇恨和拒絕：只要"權威"一詞的聲音一大，人們就會覺得陷於一種新的奴役的危險之中。我們的政治家、我們的政黨，其價值本能中的頹廢如此嚴重：以致**他們本能地偏愛導致崩潰、加速毀滅的東西**……**現代婚姻**就是明證。現代婚姻顯然已經喪失了全部理性：但這不是對婚姻的抗議，而是對現代性的抗議。婚姻的理性 —— 它存在於男人的單獨法律責任之中：這樣婚姻才有重心，如今它卻一瘸一拐地跛行。婚姻的理性 —— 它存在於其原則上的不可解體性之中：這樣它才能得到一個音調，面對情感的偶然事件、激情和豔遇，這個音調懂得**為自己創造辨音力**。婚姻的理性也存在於家庭對於夫妻的選擇所承擔的責任之中。隨着對於**愛情**婚姻所持的日益寬容的態度，人們徹底清除了婚姻的根基，即一種機構得以由之**建立**的東西。人們決不再把一種機構建立在一種特異反應之上，人們也**不像**上面所說的那樣把婚姻建立在"愛情"之上，—— 人們把它建立在性慾、財產慾（老婆孩子即是財產）和**支配欲**之上，這種支配慾不斷地為自己組織起最小的支配結構即家庭，這種支配慾**需要**子女和繼承人，以便也在生理上保持已有的權力、影響和財產，以便為長期的使命、為世代的本能團結做準備。作為機構的婚姻本身就已經包含了對於最龐大、最持久的組織形式的肯定：如果作為整體的社會本身不能為自己作出千秋萬代的擔保，那麼，婚姻就沒有任何意義。—— 現代婚姻喪失了它的意義，—— 結果，人們廢除了它。——

40[66]

工人問題。—— 愚蠢 —— 其實是當今作為一切愚蠢之根源的本能退化 —— 在於存在着一個工人問題。對有

些事情**不聞不問**：這是本能的第一命令。—— 我完全看
不出來，既然已經首先使歐洲工人成為一個問題，人們還
要拿他們做甚麼。他們的感覺太好了，不會越來越多地、
越來越過分地提出問題。他們終究是多數。在歐洲，一種
簡樸的、自給自足的人，一個中國人那樣的類型本來會
形成階層：這本來是合理的，這本來簡直就是一種必然
性，然而，這種希望已經完全破滅。人們都做了些甚麼？
—— 不遺餘力地把產生該階層的先決條件消滅在萌芽狀
態，—— 人們通過最不負責任的漫不經心，從根本上破
壞了可能使工人成為階層、成為**自身**的那些本能。人們
使工人服兵役，賦予他們結社權和政治投票權：如果說如
今工人已經感到其生存陷入了困境（用道德術語說就是不
公正），這有甚麼奇怪的呢？然而再問一遍：人們要求的
是甚麼？如果人們要求的是一個目的，那麼，他們也必定
要求手段：如果人們要求的是奴隸，結果卻把這些奴隸教
育成主人，那麼，人們就成了傻瓜。——

41

　　"不是我想要的那種自由[67]……"—— 在當今這樣的
時代，放任本能更是一種厄運。這些本能相互衝突、相互
打擾、相互破壞；我曾經把**現代**定義為生理上的自相矛
盾。教育的理性所期望的本來是：在一種強大的壓力之
下，至少這些本能系統中的一個系統會癱瘓掉，從而允許

另一個系統得勢，強大起來，成為主人。今天，也許必須通過對其進行**限制**，個體才成為可能：這裏的可能意指完整……事實正好相反：最為激烈地要求獨立自主、自由發展和自由放任（laisser aller）的恰恰是這樣一些人：對他們來說，再嚴厲的約束都**不為過** —— 這一點適用於政治，也適用於藝術。然而，這是頹廢的一個徵兆：我們現代的"自由"概念更多地是本能退化的一個證據。 ——

42

何處迫切需要信仰。 —— 在道德家和聖徒中間，沒有甚麼比誠實更為罕見的了；也許他們説的是相反的東西，也許甚至他們信仰的也是相反的東西。因為當一種信仰比**自覺的**偽善更為有用、更為有效、更令人信服時，偽善就會立刻本能地變成無辜：這是理解偉大聖徒的首要原理。在另一種聖徒即哲學家那裏，也有這樣一種完整的手藝，他們只允許特定的真理：即那些使他們的手藝得到公眾認可的真理， —— 用康德的語言説，就是實踐理性的真理。他們知道他們**必須**證明甚麼，在這一點上他們是實際的， —— 他們通過下述一點彼此認出，即他們對"真理"的看法一致。 —— "你不應説謊" —— 用德語説就是：我的哲學家先生，**您不要**説出真理……

43

對守舊分子的耳語。 —— 人們以前不知道、現在知道、能夠知道的東西 —— ，任何意義和程度上的**退化**與逆轉都是根本不可能的。至少我們這些生理學家知道這一點。但所有牧師和道德家卻都相信這種退化與逆轉，——他們想把人類帶回到、**調**回到一種**從前**的美德尺度上。

—— 道德過去始終是一張普羅克拉斯提斯[68]之牀。甚至政客們在這方面也仿效了美德説教者的做法：如今，仍有一些政黨夢想着萬物的**倒退**。但是誰也不能隨意變成螃蟹。別無選擇：人們**必須**前進，或者説，**一步步頹廢下去**（—— 這是我給現代"進步"所下的定義……）。人們可以**阻礙**這一進程，並通過阻礙攔截和積聚退化本身，使之來得更為猛烈、更為**突然**：人們只能做到這些。——

44

我的天才概念。 —— 偉人和偉大時代一樣，都是積聚着巨大能量的炸藥；其歷史的和生理的前提始終是，在相當長的時間內，他們聚集、堆積、儲存、保持着能量[69]，—— 在相當長的時間內，不發生爆炸。一旦物質中的壓力過大，那麼，最偶然的刺激就足以催生"天才"、"事業"和偉大的命運。與環境、時代、"時代精神"和"公眾輿論"有甚麼關係！以拿破崙為例。大革命時期的法國以及大革命前的法國，本來可以產生與拿破崙相反的類型：
它確實產生了這樣的類型。而因為拿破崙是**另類**，是一
種比法國蒸汽和戲劇文明更強大、更悠久、更古老的文
明的繼承人，所以，他成了這裏的主人，只有他**是**這裏的
主人。偉人是必然的，而他們出現於其中的時代則是偶
然的；他們之所以幾乎始終是其時代的主人，就是因為
他們更強大、資歷更老、蓄勢的時間更長。天才與他的
時代之間的關係，就如同強與弱、老與幼之間的關係：
相對來說，時代總是年幼、軟弱、未成年、不可靠、幼
稚得多。 —— 在當今的法國，人們對此有**極為不同**的看
法（在德國也是一樣：只不過無關緊要），在那裏，環境
（milieu）理論 —— 一種真正的神經症患者的理論 —— 成
了神聖不可侵犯的、近乎科學的東西，甚至得到了生理學
家的信任，這種狀況 "令人作嘔"，令人哀傷。 —— 在英
國，人們對此的理解也沒有甚麼兩樣，只不過沒有人為此
悲傷罷了。[70] 英國人容忍天才和 "偉人" 的途徑只有兩個：
或者是巴克爾[71]的民主方式，或者是卡萊爾的**宗教**方式。
 —— 偉人和偉大時代身上的危險是非同尋常的；種種衰
竭和貧瘠緊隨其後。偉人是一種終結；偉大時代 —— 例
如文藝復興 —— 是一種終結。天才 —— 創作方面的和行
動上的 —— 必然是一個揮霍者：其偉大之處就在於**他的
浪費**……自我保存的本能彷彿被擱置起來；奔騰的力量
的超強壓迫不容他有這種保護和謹慎。人們把這叫做 "獻

身”；人們把他的毫不利己、把他為一種信念、一個偉大事業和一個祖國所做的犧牲稱讚為“英雄主義”：這全是誤解……他溢出，他泛濫，他消耗自己，他不愛惜自己，——厄運般地、災難性地、不由自主地，如同河水決堤是不由自主的一樣。但是，由於人們對這些炸藥感激之至，於是，人們也對他們給予了很多回報，例如一種**高尚的道德**……這的確是人類的感恩方式：人們誤解了他們的恩人。——

45[72]

罪犯及其同類。—— 罪犯類型，這是不利條件下強者的類型，一個病態的強者。他缺少荒漠，缺少某種更空曠、更危險的自然和生存方式，正是在這樣的環境中，強者本能中的一切武器裝備才能**合法地存在**。他的美德不被社會所接受；他身上最活躍的衝動很快與壓抑感、與懷疑、恐懼和恥辱交織在一起。而這幾乎就是造成生理退化的**竅訣**。誰要是必須帶着長期的緊張、謹慎和狡詐偷偷摸摸地做他最擅長、最愛幹的事情，誰就會變得貧血；因為他從其本能那裏所得到的始終只是危險、迫害和厄運，於是，他的情感也會轉而反對這些本能 —— 他會對之持一種宿命的態度。這就是社會，我們這馴服的、平庸的、閹過的社會，在這樣的社會中，一個來自高山或者經歷過海上冒險的天然之人，必然退化為罪犯。或者說近乎必然：因為有例證表明，一個這樣的人比社會還要強大："科西嘉人"拿破崙便是一個最為著名的例子。就現有的問題來說，陀思妥耶夫斯基的證詞很有意義 —— 順便指出，陀思妥耶夫斯基 [73] 是我有所受益的唯一的心理學家：他屬於我生命中最美好的幸事之列，甚至超過了對斯湯達的發現。這個**深刻**的人 —— 他十分正確地對膚淺的德國人採取了鄙視的態度 —— 曾經長時間生活在西伯利亞囚犯中間，這是些不再可能返回社會的十足的重犯，他的發現與他自己的預期完全不同：他們差不多是由生長在俄國大地上的最優良、最堅硬、最名貴的木頭雕刻而成的。我們不妨把罪犯的例子加以推廣：設想那樣一些天性，他們由於某種原因缺乏公眾的認可，他們知道，他們不被視為有益的和有用的，—— 那種旃陀羅 [74] 感覺，即人們不是被平等相待，而是被視為遭放逐的、無價值的和不潔淨的東西。所有這些天性在其思想和行為上均帶有地下生活者的色彩；與沐浴在日光之下的人相比，他們身上的一切都更為蒼白。但幾乎我們今天加以褒獎的所有生存形式，從前都曾生活在這種半墳墓的氣氛之下：科學家、藝術家、天才、自由思想家、演員、商人、大發明家……只要**牧師**被視為最高類型，每一種有價值的人就會貶值……我保證，這樣的時代即將來臨：那時，牧師被視為**最低**類型的人，被視為**我們**的旃陀羅，被視為最虛偽的、最不高尚的人……我注意到這樣的事實：甚至

在現在，在世界上 —— 至少是在歐洲 —— 的道德統治最
為溫和的時期，每一種怪癖，每一種長久的、過於長久的
地下生活，每一種不尋常的、不透明的生存形式都使人接
近罪犯所完成的那種類型。所有精神的革新者都一度在
額頭上留下游陀羅那蒼白的、宿命的印記：**不是**因為別
人如此對待他們，而是因為他們自己感覺到了把他們與一
切傳統的和享有聲望的東西分隔開來的那條鴻溝。作為
他的一段成長歷程，幾乎每一個天才都熟悉"卡提利納[75]
式的生存"，熟悉對於一切已經存在、不再變易之物所懷
有的那種痛恨感、復仇感和叛亂感⋯⋯卡提利納 —— **每
一個愷撒的前生存形式。——**

46

此處視野開闊。[76] —— 當一個哲學家沉默時，這可能
是心靈的頂點；當他自相矛盾時，這可能是愛；說謊可能
是認識者的一種謙恭。人們不無文雅地說：偉大的心靈
把他們所感受到的騷動流露出來是不體面的（il est indigne
des grands coeurs de re'pandre le trouble, qu'ils ressentent）：
只是人們必須補充說，不懼怕最失體面之事也可能是心靈
的偉大。一個愛着的女人獻出她的貞操；一個"愛着的"
認識者也許獻出他的人性；一個愛着的上帝變成了猶太
人⋯⋯

47

美決非偶然。—— 甚至一個種族或家族的美、其在一切姿態中表現出來的優雅和寬容，都是經過努力達到的：和天才一樣，它是世代累積的辛勞的最終結果。人們一定為良好的趣味作出了巨大的犧牲，人們一定為之做了許多、付出了許多—— 十七世紀的法國在這兩方面都令人讚歎——，人們一定有過關於社交、場所、衣着和性滿足的一種挑選準則，人們一定愛美勝過利益、習慣、意見和惰性。最高準則：即使只有一個人時，人們也決不能"不修邊幅"。—— 美好的事物都是極為昂貴的，而且，下述法則始終有效，即**擁有**它們的人不同於獲得它們的人。一切美好事物都是遺產：不是繼承而來的東西，都是不完善的，都是開端……在西塞羅時代的雅典，男人和少年的美遠在女人之上，對此，西塞羅曾經表達過他的驚奇之感，可是，在此前的幾個世紀中，那裏的男性為了這種美付出了怎樣的辛勞和努力啊！在這裏，人們不要用錯了方法論：一種單純情感和思想上的訓練幾乎等於零（德國教育的巨大誤解即在於此，它完全是虛幻的）：人們必須首先説服**身體**。為了變得卓越而優雅，嚴格保持卓越的、優雅的姿勢，加上一種只與非"不修邊幅"的人生活的責任，這就足夠了：兩、三代以後，一切便都會**內化**。對於民族和人類具有決定性意義的是，人們應當從正確的**地方**

開始文化事業 —— **不是**從"靈魂"開始(這是牧師和半牧師的致命的迷信):正確的地方是身體、姿勢、飲食和生理學,**其餘的**皆由此而生……因此,希臘人始終是歷史上**第一個文化事件** —— 他們知道並且做了前人未做之事;蔑視身體的基督教是迄今為止人類最大的不幸。——

48[77]

我所理解的進步。—— 我也談論"回歸自然",儘管它實際上不是一種後退,而是一種**上升** —— 上升到崇高、自由甚至可怕的自然和天性中去,這是一種戲弄、**有權利**戲弄偉大使命的天性……比如,拿破崙就是我所理解的"回歸自然"的一個例子(例如,在謎陣戰術方面,特別是如軍人所知,在戰略方面)。—— 但盧梭 —— 他到底要回歸何處?盧梭,這個人集第一個近代人、理想主義者**和賤民**於一身;為了經受他自己的觀點,他需要道德"尊嚴",他患有過度虛榮症和過度自卑症。這個處於新時代行將來臨之際的怪胎也想"回歸自然" —— 再問一遍,盧梭想回歸何處?我痛恨盧梭還在於大革命:它是理想主義者和賤民這雙重身份的世界歷史表達。這場革命所上演的流血**鬧劇**,以及它的"不道德",與我關係不大:我所痛恨的是其盧梭式的"**道德**" —— 所謂革命的"真理",憑藉這些真理,這場革命仍在發生作用,並把一切淺薄、平庸的東西勸說到自己身邊。平等學說!……但決沒有比這更毒的毒藥了：因為它**看起來**是在宣傳公正本身，而實際上卻是公正的**終止**……"對平等者平等，對不平等者不平等" —— **這才**是公正的真實口號：並且，由此推出，"決不能使不平等者平等。"[78] —— 圍繞着那平等學說所發生的一切是那樣的可怕和血腥，這給這個傑出的"近代觀念"罩上了一種光環和火光，以致這場革命作為**奇觀**也誘惑了若干最高尚的人。這終歸不是愈加尊崇它的理由。—— 我只看到一個人對之感到**噁心**（這種感覺才是應有的感覺），這就是歌德……

49[79]

歌德 —— 不是一個德國事件，而是一個歐洲事件：一個通過回歸自然、通過**上升**至文藝復興時期的天性超越十八世紀的偉大嘗試，是這個世紀的一種自我超越。——他身上有着這個世紀最強烈的本能[80]：多愁善感，自然崇拜，反歷史，理想主義，不切實際和革命情結（——後者只是不切實際的一種形式）。他求助於歷史學、自然科學、古希臘羅馬文化和斯賓諾莎，特別是實踐活動；他把自己置身於整體性視域之中；他不脫離生活，他置身其中；他從不氣餒，他盡可能多地承擔、接受和採納。他所要的是**整體**；他克服了理性、感性、情感和意志的相互分離（—— 由與歌德意見相反的康德通過最可怕的煩瑣哲學加以宣揚的就是這種分離）；他向完整性方面訓練自己，他**塑造**自己……歌德是一個不切實際的時代裏一個堅定的實在論者：他肯定在這方面和他相近的一切，——對他來說，沒有比那個叫做拿破崙的"最高實在的存在者"（ens realissimum）[81] 更偉大的事件了。歌德構思了一種強大的、學識淵博的、身形靈巧的、有自制力和自尊心的人，這樣的人敢於享用自然的全部領域和資源，強大得足以享有這種自由；一種容忍之人，不是由於虛弱，而是由於強大，因為在平庸之輩行將崩潰的場合，他仍然知道如何把這樣的場合用於自己的利益；對於這樣的人來說，除了**軟弱** —— 無論稱其為罪惡還是美德 —— 之外，再也沒有任何禁忌……這樣一種**自由的**精神帶着快樂和信任的宿命論置於宇宙之中，置於信仰之中：被摒棄的只是個體，而萬物則在整體上得到了拯救和肯定 —— **他不再否定**……但這樣一種信仰是一切可能的信仰中最高的：我已經用**狄奧尼索斯**的名字對其加以命名。——

50

人們可能會說，在某種意義上，十九世紀追求的也是歌德作為個人曾經追求過的一切：廣泛的理解與肯定，對一切事物的欣然接納，勇敢的實在論，對一切現實之物的敬畏。為何總體結果不是歌德，而是一種混亂，一種虛無主義的歎息，一種不知何來何往，一種實際上不斷使人**追溯十八世紀**的倦怠的本能？（例如，情感浪漫主義，利他主義和多愁善感，趣味上的女權主義，政治上的社會主義）。十九世紀——特別是其晚期——豈非僅僅是一個強化的、粗俗的十八世紀，即一個頹廢的世紀？因而，歌德——不僅對德國，而且對整個歐洲來說——豈非僅僅是一個偶發事件，一種美好的徒勞？但是，如果人們從公共利益這樣一種貧乏的觀點看待偉人，人們就誤解了偉人。懂得不從偉人那裏獲得利益，**也許這本身就屬於偉大**……

51 [82]

歌德是我所崇敬的最後一位德國人：他大概感受到了我所感受到的三件事，——關於"十字架"，我們也意見一致 [83]……人們時常問我，我究竟為甚麼要用**德語**寫作：我在任何地方都不像在祖國這樣拙劣地被人閱讀。但究竟誰知道我是否還希望現在被人閱讀？——創造出無法被時間吞噬的東西；在形式上和**實質上**謀求一種小小的不朽——我還從未謙遜到這樣的程度，即向自己提出比這更少的要求。警句、格言是"永恆"的形式，作為使用這種文體的第一個德國人，我是這方面的大師；我的野心是：用十句話說出其他人用一本書說出的東西，——說出其他人用一本書也說**不出**的東西……我把人類所擁有的最深刻的書給予了人類，即我的《查拉圖斯特拉如是說》：不久，我會把最獨立的書給予人類 [84]。——

註釋

1 源自尼采在 1887 年秋季和 1888 年夏季之間為《權力意志》準備的筆記，這進一步證明了：《偶像的黃昏》是對被尼采放棄的 "權力意志" 加以分解後的產物。在 1888 年夏季的最初付印手稿 —— 即《偶像的黃昏》和《敵基督者》仍合在一起的那份付印手稿 —— 中，現在本章中的第 1-18 節被冠以 "在藝術家和作家之間" 的標題，第 19-31、45-51 節被放在 "依我的美學觀加以整合" 的標題之下；而第 32-44 節則是尼采在 10 月 4 日至 13 日之間修訂校樣的過程中加上去的；它也源自早先為《權力意志》而準備的材料。

2 參看科利版第 13 卷，11 [409]。

3 呂齊烏斯・安涅・塞涅卡（Licius Annaeus Seneca，公元 2-65）：古羅馬政治家、哲學家、悲劇作家、雄辯家、新斯多葛主義的代表。

4 參看當時舍費爾（Joseph Victor von Scheffel，德國詩人和小說家。—— 譯註）的著名詩篇 "賽金根的號手"。"奧伯海因的一首歌"，斯圖加特，1854。

5 法絡斯（Pharus）燈塔：世界七奇之一。

6 喬治・桑（George Sand，1804-1876）：法國 19 世紀著名女作家，浪漫主義女性文學和女權主義文學的先驅。一生寫了 100 卷以上的文藝作品、20 卷的回憶錄《我的一生》以及大量書簡和政論文章。

7 多產的乳牛（lactea ubertas），參看《龔古爾兄弟日記》，II，25，BN："在她的姿態裏有一種莊嚴，一種平靜，就像某種反芻類動物的半醒半睡狀態"；或者："桑夫人，一個反芻的斯芬克斯，一頭乳牛。"

8 儒勒・米什萊（Jules Michelet，1798-1874）：法國 19 世紀著名歷史學家，在近代歷史研究領域中成績卓越。

9 茹爾・德・龔古爾（Jules de Goncourt）和艾德蒙・德・龔古爾（Edmond de Goncourt）：法國自然主義小說家。

10 參看《龔古爾兄弟日記》，III，80："我以最溫和的語調斷言，閱讀雨果的作品比閱讀荷馬的作品更令我愉快"。

11 埃阿斯（Ajaxe）：荷馬史詩《伊利亞特》中的勇士，是特洛伊戰爭中最威猛的戰士之一。

12 參看科利版第 12 卷，9〔22〕，9〔20〕（1887 年秋）。

13 勒南（Ernest Renan,1823—J892 年）：法國作家，著有《科學的前途》、《基督教的起源》、《以色列歷史》等。

14 像勒南這樣一個精明的、〔隨和的〕嚴謹的人，怎麼會一旦縱情於本能就出錯呢？怎麼會以一種荒謬的方式成為神學家和女人氣呢？WII 3，9。

15 作為精神貴族主義的聖方濟各，WII 3，9，關於勒南對於"精神上的貴族主義"的看法，參看《龔古爾兄弟日記》中著名的"在馬格尼處吃飯"的談話，特別是他的《哲學對話錄》，尼采讀了這本書的德譯本：勒南：《哲學對話與殘篇》，Konrad von Zdekauer 譯，萊比錫，1877，BN（特別參看第 60 頁及下頁、第 73 頁、第 76 頁及下頁、第 83 頁及下頁，這些內容顯示了尼采閱讀的軌跡）。另一個參加"吃飯"談話的人福樓拜（G. Flaubert）也分享勒南的理論，由法國（和全世界）學者組成的寡頭政府必須按照這一理論進行統治；這一點從致喬治‧桑的信中得到了說明，尼采也讀過這封信。

16 仍然是天主教徒和女人氣！他的手法全都是女性的、教士的手法——這些手法幾乎令一個男人毛骨悚然。勒南的仇恨並非直接的，（他是）無辜的並且無論如何是無害的：然而，他懂得以一種致命的方式去崇拜。WII 3，9，11。

17 參看科利版第 13 卷，11〔9〕：該殘篇更為清楚地表明：尼采在對聖佩甫的刻畫中利用了《龔古爾兄弟日記》。

18 聖佩甫（Charles Augustin de Sainte-Beuve，1804-1869）：19 世紀法國文學評論家。

19 參看"格言與箭"第 31 節。

20 參看科利版第 13 卷，11〔231〕，聖佩普致波德賴爾的信。

21 《效法基督》（Imitatio Christi）：係中世紀一本靈修名著，作者湯瑪斯・馮・肯培（Thomas von Kempen，1380–1471）。

22　參看科利版第 12 卷，10 [163]。

23　參看科利版第 13 卷，11 [24]。1876 年 2 月 10 日，尼采購買了喬治・桑《全集》的德譯本（包含 Arnold Ruge 寫的一篇導言），萊比錫，1844–47，BN。

24　參看《龔古爾兄弟日記》II，第 146 頁戈蒂耶（T. Gautier，1811–1872，法國作家 —— 譯註）的報導："不過，你們知道發生了甚麼，甚麼可怕的事情！她在午夜 1 點完成一部小說，在當天夜裏又重新開始另一部小說的寫作……桑夫人簡直就是寫作機器"。

25　參看上面第 1 節和"多產的乳牛（lactea ubertas）"的編注。

26　參看《龔古爾兄弟日記》II，112："……我覺得喬治・桑夫人比巴爾扎克更為真實……在她那裏，到處都洋溢着激情……在未來的三百年人們都將閱讀她的作品……"。勒南"在馬格尼處吃飯"期間作出的這些判斷，尼采在他的樣書中劃了下劃線。此外還有第 122 頁：勒南：—— 喬治・桑夫人，當代最偉大的藝術家，真正的天才！

27　參看科利版第 12 卷，9 [64]。

28　法文"d'après nature"的德譯。

29　第 8–11 節曾經是尼采在《瓦格納事件》第 7 章預告的"論藝術生理學"一章的起始部分。

30　WII 5，164。

31　WII 5，165。

32　參看《悲劇的誕生》（1872）。就在上面被告知的筆記之前不久，還有存於 WII5（1888 年 3–4 月）的大量關於《悲劇的誕生》的筆記；參看科利版第 13 卷，14 [14–26]。

33　參看科利版第 13 卷，11 [45]。

34　洛柏・德・維迦（Lope de Vega,1562—1635）：文藝復興時期西班牙民族戲劇的代表作家。

35　《黑海書簡》III 4，79。

36　出自路德的詩"我們的上帝是一個堅固的城堡"。

37　參看科利版第 12 卷，9 [99、101]。

38　哈特曼（Karl Robert Eduard Von Hartmann，1842-1906）：德
　　國哲學家。

39　參看科利版第 13 卷，11 [101]。

40　在 WII 6，36 "論現代性和頹廢" 的條目之下。

41　Mp XVII 中的標題：美學。/ 基本認識：甚麼是美與醜？

42　基克拉迪群島中的最大島，在愛琴海南部。

43　希臘神話中克里特王米諾斯和帕西菲的女兒，後成為狄奧尼索斯
　　之妻。

44　參看《善惡的彼岸》第 295 頁，以及科利版第 12 卷，9 [115]。

45　全部藝術哲學都存在於這種憎恨之中，WII 7，134。

46　參看《會飲篇》，206 b-d。

47　參看《費德羅篇》，249c-256e。

48　參看科利版第 12 卷，9 [119]。

49　庫辛（V. Cousin，1792-1867，法國哲學家 —— 譯註）最早創造
　　了這個用語："為宗教而宗教，為道德而道德，為藝術而藝術"（見
　　他於 1818 年所作、1836 年於巴黎出版的《哲學演講》）。

50　出自：一條蛇。付印手稿。

51　參看科利版第 13 卷，11 [2]。

52　參看科利版第 13 卷，11 [2]。

53　莫扎特《魔笛》中泰咪諾（Taminos，《魔笛》的主人公，埃及王
　　子 —— 譯註）之言。

54　參看加利亞尼（1728 -1787，意大利經濟學家。—— 譯註）1769
　　年 9 月 18 日致埃佩奈夫人（Mme d'Epinay）的信。

55　參看科利版第 12 卷，10 [143]。

56　出自：國家機器。Mp XVI 4。

57　參看歌德《浮士德》I，1179-1185。

58　拜洛伊特（Bayreuth）：德國巴伐利亞州的一個小城，瓦格納曾經
　　在此居住。

59　參看科利版第 13 卷，11 [79]。

60　第 32-44 節是尼采在校對《偶像的黃昏》期間加上去的。其中，
　　第 32-35 節取自尼采於 1888 年 4 月開始在筆記本 WII 6 中寫下

的一個內容更為豐富的謄清稿。該謄清稿由 6 個段落組成；第 5 段是不完整的，因為緊隨其後的一頁被（尼采？）撕掉了。謄清稿的前兩段後來變成了《敵基督者》的第 3、4 節，其餘 4 段變成了現在 "一個不合時宜者的漫遊" 的第 32–35 節。緊隨其後，尼采 —— 也是在筆記本 WII 6 中 —— 在 "為自殺、'自願的死'正名" 的標題下寫下了一段箴言，這就是 "一個不合時宜者的漫遊" 的第 36 節。（在它之後，還有兩條筆記，一條關於禁止慢性病人生育，另一條關於為賣淫正名；第一條成了 "權力意志"（大八開本 XV、XVI，1911）第 734 節，第二條則在 "權力意志"（大八開本 XV、XVI，1911）中被略過。第 37 節是尼采從仍然是片段性的筆記中抽取出來的，這些筆記最初是為《重新估價一切價值》的第二部（按照 1888 年 9 月的計劃）或第三部（按照 1888 年 10 月的計劃）而寫的：非道德主義者。"一個不合時宜者的漫遊" 第 32 節的標題 "非道德主義者說話了" 容許我們做出這樣的假定：有一段時間尼采曾經打算把現在的第 32–37 節用作 "非道德主義者"，直到他校對《偶像的黃昏》時（1888 年 10 月）才放棄這個打算。第 38–39 節來自筆記本 WII6 中的另一個謄清稿，該謄清稿由 6 小段組成，標題是 "現代性。/ 未來的人指南"。第 40–44 節是尼采由早先彼此不相關聯的若干筆記編纂而成。上文提到的筆記本 WII 6 中的謄清稿 —— 尼采從這裏抽取了本章的第 32–35 節 —— 內容如下：甚麼是好？ —— 一切提升人的權力感、權力意志乃至權力本身的東西。/ 甚麼是壞？一切源於虛弱的東西。/ 甚麼是幸福？權力增長的感覺，—— 阻力被克服的感覺。/ 不要滿足，而要更多的權力；不要和平，而要更多的戰爭；不要美德，而要更為卓越（按照文藝復興時期的風格，美德（Tugend）是 virtú，即不虛偽的德性）。/ 弱者和失敗者應當滅亡：這是社會的首要準則。而且，人們還應當幫助他們滅亡。/ 甚麼東西比任何一種罪惡更為有害？ —— 對於弱者和失敗者的同情，—— 基督教……// 我在這裏提出的問題不是在生命的順序上應當用甚麼接替人類的問題；而是 —— 應當培育和要求甚麼種類的人，作為更有價值、更有生命尊嚴、更有前途的人。/ 這種更有價值的種類往往已經有了：不過是作為一種運氣，作為一種例外，——
從來都不是作為被要求的種類。在更多的情況下，他恰恰是最為
可怕的種類，迄今他幾乎一直是可怕的人：正是由於這種恐懼，
人們要求、培育並且獲得了相反的種類：家畜、群居動物、具
有"平等權"的動物、虛弱的動物 —— 人，—— 基督徒……//
[《偶像的黃昏》，"一個不合時宜者的漫遊"第 32 節] 沒有甚麼比
有所願望之人更違反哲學家趣味的了……如果他只從其行動中看
人，如果他從人與迷宮般的困境的抗爭中觀察這種最勇敢、最堅
強、最狡猾的動物，那麼，他會覺得人是多麼值得讚歎啊！但哲
學家鄙視願望着的人，也鄙視理想的人 —— 鄙視人的一切願望、
一切"理想"。如果説一個哲學家可以是一個虛無主義者，那麼，
他就會是，因為他在人的一切理想背後發現的是無。或者説還不
曾是無，—— 而僅僅是無價值、荒謬、短暫、匱乏、虛偽、懦
弱和疲憊之物，是從其生命之飲乾的酒杯倒出的各種沉澱物……
作為現實如此可敬的人，一旦有所願望，便不值得尊敬了，這是
怎麼回事？他必須通過在想像之物中更加無頭腦、無意志地伸展
四肢，從而為他的行動所需要的巨大的大腦和意志緊張作出補償
嗎？人的願望史是人的歷史中的不光彩部分（partie honteuse）；
對其理想的長期想像甚至可能導致對人的厭惡。但他的現實為他
進行辯護，並將永久地為他進行辯護：因為與任何一個迄今臆想
出來的、夢想出來的、馴服出來的和捏造出來的人相比，—— 與
任何一個理想的人相比，現實之人的價值是何等之高。/ 只有"理
想的人"才違反我們這些哲學家的趣味。// [《偶像的黃昏》，"一
個不合時宜者的漫遊"第 33 節] 利己主義與利己主義者的生理學
價值相當。—— 每一個個人都不僅僅是 —— 像道德所認為的那
樣 —— 一個隨其出生才開始的東西：他是一直到他為止的整個
發展路線。如果他體現的是上升的路線，那麼，事實上他的價值
就是非常巨大的。他對保持和促進自己成長的關心可能會達到登
峰造極的程度。（這是對在他身上得到許諾的人類未來的關心，
這種未來賦予成功的個人一種如此巨大的利己主義的權利。）如
果他體現的是下降的發展、衰敗、慢性病（—— 從總體上看，疾

病純粹是衰敗的後果，而不是它的原因），那麼，他就沒有甚麼價值；因而，最起碼的公正就要求他盡可能少地蠶食成功者的場所、力量和陽光。在這種情況下，動物就會躲進牠的洞穴之中。在這種場合，社會的職責就是對利己主義（它表現為荒謬的、病態的和破壞性的）加以壓制，無論涉及的是個人，還是整個墮落的社會階層。在這樣的階層中間，一種關於"愛"、順從、自我否定、忍耐、承受、幫助、言行一致的說教和宗教可能具有最高價值，甚至從統治者的眼光看來也是如此：因為它壓制了敵對、忌妒和怨恨的情緒 —— 在被遺棄者身上這是再自然不過的情緒！它甚至為他們之故，以美德和神聖的名義推崇卑微、貧乏、病態和低賤。在那些大眾階層中間維持大公無私的迷信、卑賤者的福音和"十字架上的上帝"，這不僅僅是統治種姓的聰明，這也是他們的真正智慧之所在：他們通過這種手段反抗受苦者的本能，反抗被他們禁止的利己主義。一個病人，一個頹廢的產物，是無權享有利己主義的。/［《偶像的黃昏》，"一個不合時宜者的漫遊"第34節］當社會主義者即衰退的社會階層的代言人暴跳如雷地要求"權利"、"公正"和"平等"的時候，他是受其愚昧本性的驅使，而這樣的本性根本不懂得把握這樣一點：他到底為何受苦、怎麼受苦。另一方面，他也借此得到了快樂：這個窮鬼最為擅長的莫過於叫喊了。假如他的生理感覺再好一些，他就沒有理由叫喊了：那樣，他肯定就會到別的地方尋樂去了。訴苦毫無用處：它源於虛弱。至於人們是把自己的不爽歸咎於他人，還是歸咎於他們自己（社會主義者的行為如同前者，基督徒的行為則如同後者），根本沒有實質性的分別：二者的共同之處在於：當受苦者受苦的時候，必須有人對此完全負責……最後，基督徒對於原因的尋求也沒有止於他自身：作為原因和動機（causa et ratio）強加給其不爽的"罪孽"概念不足以發洩他的怨恨。於是，他譴責、詆毀、詛咒"世界"，社會主義出於同樣的信念詛咒社會、人與人之間的統治秩序和等級距離。基督徒不想把自己當作例外：他們的趣味要好於社會主義者的趣味，後者不知疲倦地叫喊"只有我們是善人和公正者！"。但在這兩種情況下，人們最好不要太認真地對待這樣的叫喊。人們倒是要告誡自己，在此朝天叫喊的是生理上的衰退（而不是甚麼不公）：基督徒的"罪孽"和社會主義的不滿都是受苦者的誤解，可惜他們已經無可救藥。或者毋寧説：就算有藥可救，—— 但這種人恰恰太過膽怯，以致不能接受救助……/［《偶像的黃昏》，"一個不合時宜者的漫遊"第 35 節］在我們發現利他主義的估價模式佔上風的地方，都暴露了一種普遍失敗的本能。這種價值判斷從實質上看只不過意味着"我不再有任何價值"：肌肉、神經和運動中樞的衰竭、軟弱，缺乏強壯的、強健的、肯定的感覺，（這樣的生理狀況）如是説。這種生理的價值判斷轉化為一種道德的或宗教的價值判斷：一般説來，宗教和道德價值佔上風，這是卑賤文化的一個標誌。因此，這裏發生的不過是這樣的事：一種生理的價值感試圖從那些領域出發為自己作辯護，其中，價值概念可以完全被這些衰退者所理解。基督教的"罪人"想藉以理解自身的那種解釋，並不是為了證明缺乏權力和自信的合理性：他寧願感覺有罪，也不想僅僅感覺不爽（—— 這種人畜渴望原因，不加區分地吞下好的和壞的原因）。從根本上説，這是衰敗的徵兆，是完全按照基督徒的方式做出的解釋。—— 我們在別處已經看到這種解釋，被遺棄者不是在他們的罪責中、而是在社會中尋找他們被遺棄的原因：社會主義者、無政府主義者和虛無主義者把他們的此在解釋為某種應當由某人對其承擔責任的東西，因此，他們畢竟是基督徒的近親（—— 在另一個地方我説過由基督徒、平民、病人、窮人和白癡組成的本能共同體）。如果有人［下一頁被撕掉了］，那麼，人們相信不爽和失敗（更明確地説：受壓抑的狀態戰勝強健的狀態）會更容易忍受。

61　上文提到的筆記本 WII 6 第 134 頁的文稿內容如下：為自殺、"自願的死"正名/病人是社會的一個寄生蟲。在一種特定情況下，再作為病人繼續活下去是不高尚的。……/ 卑劣地、荒謬地靠醫生和醫術苟延殘喘，應當遭到公眾輿論的鄙視。醫生應當有勇氣每天讓他們的病人品嘗這種鄙視。/ 要為社會的普遍利益要求無情地監控個人的一切問題，制定一種新的責任，即醫生的責任，—— 比如，關於婚姻的責任。/ 當不再能以一種驕傲的方式活着的時候，就以一種驕傲的方式死去。面對證人和朋友，自願、清醒而欣喜地死去：這樣，有一種真正的告別；同時，對他的成就和願望做一次真正的估價，做一份簡歷（summa vitae）/ [—— 不是那種] 卑鄙地、殘酷地濫用生理上的死亡去評判人和生命的價值，歷代的基督教教會正是因此贏得了一個可恥的記憶。/ 對死亡正確的即生理上的評價：死亡也不過是一種自殺（—— 人決不是死於他人，而是死於他自己 ——），只不過這是在最可鄙情況下的死，一種不自由的死，一種不適時的死，一種奴隸的死。人們應當出於生命之愛期望一種勇敢的、清醒的、堅強的死⋯⋯/ 我們不能親手阻止出生：但我們可以彌補這個過錯。當一個人廢除了自己的時候，他就做出了世上最值得尊敬的事情，—— 社會從中獲得的利益要比從隨便哪種禁慾、軟弱（misère）和自卑的生 —— 比如帕斯卡的生 —— 中獲得的利益更多（對抗悲觀主義的惟一方法：廢除悲觀主義者先生們。對此，每個人都可以有所貢獻。我願意相信，帕斯卡的自我反駁比他對基督教、對"帕斯卡主義"的辯護更有價值⋯⋯）/ 悲觀主義是傳染性的：它就像霍亂一樣侵襲孱弱的體質，而這樣的體質實際上（已經）被判了刑⋯⋯。

62 愷撒・博爾吉亞（Cesare Borgia，1476-1507），教皇亞歷山大六世的私生子，曾任大主教等職，馬基雅維利對其評價甚高。

63 約瑟夫・維克托・魏德曼（Josef Viktor Widmann，1842-1911），他曾於 1886 年對《善惡的彼岸》發表過評論。

64 參看科利版第 13 卷，19 [7]。

65 上文提到的存於 W II6，30-35，32-33，30 謄清稿中的初稿 —— 寫於對《偶像的黃昏》進行修改之前 —— 內容如下：現代性。未來的人指南。/ [《偶像的黃昏》，"一個不合時宜者的漫遊"第 38 節] 1. / 一件事情的價值不在於我們通過它獲得了甚麼，而在於我們為獲得它付出了甚麼，—— 它花費了我們甚麼。我舉一個例子。/ 2. / 自由主義機構一經建立，它們馬上就成了對自由最嚴重、最徹底的損害者：—— 它們暗中破壞權力意志，它們是有組織的疲勞無力和平均主義；它們使人懦弱、疲倦、耽於享樂；通過它們，開始了群居牲畜的統治。與此相反，只要自由主義機構還是有待努力爭取的目標，就是説，只要那種引發針對自己的大規模戰爭的自由主義本能的統治還在持續，那麼，這些機構事實上就會以一種強有力的方式促進自由，而且，無論在這些機構的支持者一方，還是在其反對者一方都是如此。自由就是自己承擔責任的意志，就是堅持距離，就是對於艱難、貧困、苦難乃至生與死保持冷漠，就是要用男性的、進攻的、好戰好勝的本能支配任何一種小商販、女人、母牛和基督徒式的荒謬的舒適：所謂的"幸福"。/ 3. / 為了保持支配地位必須不斷地克服多大阻力，這是衡量自由的尺度，這個尺度既適用於個人，也適用於社會：就是説，自由被規定為積極的權力，被規定為權力意志。因此，最高形式的主權有極大的可能在其對手的近旁得以生長，在那裏，奴隸制的危險變得最為急迫。人們應當從這樣的角度審查歷史："個人"日臻完善即獲得自由的時期，典型的自主之人得以實現的時期，恰恰是歷史上最艱難、最不公正、最不自由的時期。4. / 人們註定別無選擇：或者高高在上——或者「俯首稱臣，像一條蠕蟲一樣」被嘲笑、被消滅、被踐踏。人們必須對自己施行暴政，各種形式的暴政——環境的暴政、機構的暴政、對手的暴政、自己本能的暴政：這樣，一個人才能實現其最大限度的"自由"，即最大限度的勇敢、自信、奢華和智慧。羅馬和威尼斯那樣的貴族團體，那些有史以來培育強者的最大溫室，就是在這樣的意義上理解自由的：——他們都懂得把自由視為某種必須不斷重新贏得的東西。/ [《偶像的黃昏》，"一個不合時宜者的漫遊"第 39 節] 5. / 如今遭到最猛烈攻擊的是傳統的本能和意志。一切源自這種本能的機構都與現代精神的趣味相背離……實際上，人們的所思所想，無一不是以某種方式追求這樣的目的，即為傳統根除這種意義。人們把傳統看作厄運；人們研究它，人們重視它（比如作為"遺傳性"），——但人們卻不想要它。意志在長久時間跨度內的延伸，對於事態和估價的選擇——這使人們「有可能」決定若干世紀之後的未來——，這恰恰可以説是反現代的。由此產生了這樣的結果：我們的時代從混亂的原則中獲得其特徵。——這是一個頹廢的時代。—— / 6. / 如果我們的機構不再有任何用處，那麼，過錯不在它們，而在我們，是我們喪失了那些機構由之生長的全部本能：要求傳統、權威、重大責任和世代團結的意志。而且，由於我們不再擁有創造機構的那些本能，所以，我們也會覺得我們從現存機構中獲得和能夠獲得的東西不再對我們有利，相反，它們成了阻礙、愚蠢、浪費和暴政。例如，現代婚姻顯然已經喪失了全部理性：但這不是對婚姻的抗議，而是對現代性的抗議……婚姻的理性 —— 它存在於男人的單獨法律責任之中（—— 只有這樣婚姻才有重心，如今它卻一瘸一拐地跛行）。婚姻的理性 —— 它存在於其原則上的不可解體性之中；它存在在家庭對於夫妻的選擇所承擔的責任之中。隨着對於愛情婚姻所持的日益寬容的態度，人們徹底清除了婚姻的根基，即一種機構得以由之建立的東西：—— 人們決不再把這樣一種機構建立在一種特異反應之上！而是建立在普通的慾望之上，建立在平均的需要之上，建立在正常的本能之上！……人們不像上面所説的那樣把婚姻建立在"愛情"之上，人們把（它）建立在性慾之上；人們把它建立在財產欲（老婆孩子即是財產）之上；人們把它建立在支配欲之上，這種支配欲不斷地為自己組織起最小的支配結構即家庭；以便通過它在更大的結構即國家之內發生影響；建立在那種需要子女和繼承人的支配欲之上，以便保持其已有的權力、財產和影響，免遭獨居生活的不測。為此目的，這種支配欲需要國家的保障，而這又需要一個有保障的國家。作為權力意志的一種正常形式，婚姻本身就已經包含了對於國家的肯定。

66 參看科利版第 13 卷，11 [60]。

67 參看馬克斯・馮・申肯多夫（Max von Schenkendorf, 1783 年—1817，德國詩人。—— 譯註）的詩歌"自由"（1813）的首行："自由，我想要的那種自由"。

68 普羅克拉斯提斯：希臘神話中開黑店的強盜。

69 參看《瞧！這個人》"我為甚麼如此智慧"第 3 節，第 269 頁，第 1-3 行。

70 在檔夾 Mp XVI 4 中，這句話之後是下述被刪掉的部分：欺騙：在那裏是民主的偏見，這種偏見只知道把偉人視為人民的工具和木偶；或者是卡萊爾的偏見〔宗教的編造〕，這種偏見代表了英國的基督教信仰，並從天才和英雄出發構造宗教概念。

71　亨利・湯瑪斯・巴克爾（Henry Thomas Buckle，1821-1861）：英國著名的實證主義史學家，以其《英國文明史》而聞名於世。

72　參看科利版第 12 卷 10〔50〕，初稿，隨後還有 3 個較晚的文稿：WII 5，171；WII 6，132-130（在論賣淫的殘篇之後）；Mp XVI 4；WII 6 中的文稿內容如下：罪犯類型：這是不利條件下強者的類型：所以，他身上的所有衝動常常與懷疑、恐懼、恥辱和壓抑感交織在一起，結果，造成了他的生理退化。罪犯是一個病態的強者，他必須在長期的緊張、謹慎和狡詐狀態下偷偷摸摸地做他最擅長、最愛幹的事情，他必須永遠放棄公開地獲得成功；他越來越學會感覺到他的本能的不利和危險，直到最後他只剩下作為暴君的本能，從而喪失了對它的崇敬……他再也不能獲得一切意志自由和行動自由帶來的快樂……他變成了宿命論的……這就是社會，我們這馴服的、膽怯的、平庸的社會，在這樣的社會中，強者／〔必然〕退化為罪犯。這讓人想起了陀思妥耶夫斯基所描寫的那些西伯利亞囚犯：他把他們視為俄國人中最堅強、最卓越的天性。這些天性不被認可和信任，也不被視為有用的、有益的和平等的；他們缺乏良好的能見度、公開的權利和光明正大的行動。罪犯在其思想和行為上均有地下生活者的色彩：他們身上的一切都是蒼白的。對我們的此在的公開贊許和認可也是一縷陽光。—— 我幾乎是無意間注意到，在所謂的天才和美德鼓動者身上，每一種怪癖，每一種長久的、過於長久的地下生活，每一種不尋常的、難以理解的、不透明的生存形式都接近罪犯的類型……在探詢底細的人看來，一切大革新者 —— 在他們僅只從事革新的時期，在他們還沒有"表現出"任何成果的時期 —— 看上去都像大罪犯。作為他的一種成長形式，每一個天才都熟悉一種"卡提利納式的生存"，這種天才也僅限於最智慧者：幸福的生存，非天才對此從來都不會有任何感覺。很多東西天生就是緘默的。例外者的發生史從來不會被記錄下來。

73 參看尼采 1887 年 2 月 13 日致彼得・加斯特的信：您知道陀思妥耶夫斯基嗎？除斯湯達以外，還沒有人給我帶來這樣多的歡樂和驚喜：（他是）一個我藉以"理解我自己"的心理學家。

74 這是尼采從印度種姓制度中借用的術語。

75 卡提利納（Lucius Sergius Catilina，前 108 –前 62）：古羅馬破落貴族，在西塞羅任執政官時曾陰謀叛亂，被後者發現並挫敗。

76 參看歌德《浮士德》II，11989。

77 參看科利版第 12 卷，9 [116]。

78 參看《查拉圖斯特拉如是說》第二部，"毒蜘蛛"。

79 參看科利版第 12 卷，9 [179]。

80 出自：他迫使其最強烈的本能活躍起來、彼此對抗，進而達到這樣的結果：他成了支配這些本能的主人，達到了一個與文藝復興類型最為接近的更高的類型。然而，他為他個人獲得的東西，對於歐洲來說無疑是無法獲得的 —— 這不是我們的 19 世紀，歌德在自身中發現了他的整個世紀"：Mp XVI 4。

81 康德用來指稱上帝的詞語。

82 參看科利版第 13 卷，19 [7]。

83 參看《瓦格納事件》，"結束語"。

84 即《權力意志》

我要感謝古人甚麼 [1]

1

　　最後，簡單談一談那個我試圖進入、我也許已經找到一條新通道的世界——古代世界。我的趣味可能與一種寬容的趣味相反，此處也與全盤肯定的態度相去甚遠：它通常不喜歡說"是"，更喜歡說"不"，最喜歡甚麼都不說……這適用於整個文化，適用於書籍，——它也適用於地方和風景。從根本上說，只有數量很少的古代書籍在我的生活中佔有一席之地；最著名的均不在其中。我對於風格、對於作為風格的警句的喜愛，幾乎是在接觸薩盧斯特 [2] 的一瞬間突然產生的。我沒有忘記，當我尊敬的老師科爾森 [3] 不得不把最好的成績給他這個最差的拉丁文學生時所表現出來的驚訝，——我一下子成熟了。簡短、嚴格、言之有物，對"華麗的詞藻"和"華麗的感情"懷有一種冷酷的惡意——在此，我發現了我自己。直到我的《查拉圖斯特拉如是說》，人們將在我身上重新認出一種極為嚴肅的追求**羅馬風格**、追求永久 [4] 風格的抱負。—— 在我第一次接觸到賀拉斯時，情形亦然。直到今天，我在任何其他詩人那裏都沒能獲得賀拉斯 [5] 的一首抒情詩最初帶給我的那種藝術陶醉。在有些語言中，這裏所達到的效果甚至根本無法**企及**。這種對於文字的精雕細琢（作為聲音、位置和概念，每個詞都向左右、向整體迸發出它的力量），這種符號範圍和數量上的最小值，這種由此達到的符號表現力上的最大值 —— 所有這一切都是羅馬式的，如果人們願意相信我的話，是**高貴卓越的**。相比之下，所有其他的詩文都成了某種過於流俗的東西，—— 一種純粹的情感饒舌……

2

從希臘人那裏我從未受到過如此強烈的影響；而且，坦率地說，在我們眼中，他們不**可能**和羅馬人一樣。人們不會**學習**希臘人 —— 他們的舉止太異樣，他們又太富於流動，因而不能發揮強制的和"典範的"作用。有誰曾經向一個希臘人學習寫作！又有誰曾經**繞過**羅馬人學習寫作！……人們不要拿柏拉圖來反駁我。和柏拉圖相比，我是一個徹底的懷疑論者，並且始終未能加入在學者中間通行的對**馬戲演員**柏拉圖的讚歎。在此，古人中最優秀的鑒賞家畢竟是站在我這一邊的。在我看來，柏拉圖混淆了風格的各種形式，因而，他是一個**頭等的**風格頹廢者：他所犯的錯誤有些類似於發明了墨尼波斯混和文體（satura Menippea）的犬儒主義者。人們必須從來沒有讀過優秀法

蘭西人 ── 比如豐特奈爾[6] ── 的東西，才會覺得柏拉圖對話這種極度自負和幼稚的辯證法有魅力。柏拉圖是乏味的。── 我對柏拉圖的不信任終究是根深蒂固的：我覺得他如此偏離了希臘人的一切基本本能，如此富於道德說教，如此預先表現出基督教特徵（他已經擁有作為最高概念的"善"的概念），以致和任何其他的詞語相比，我更喜歡用"高級欺詐"這個嚴厲的字眼，或者，如果人們更喜歡聽的話，用理想主義，來指稱整個柏拉圖現象。這個雅典人曾經在埃及人那裏上過學（── 或者是在埃及的猶太人那裏？……），人們為此付出了沉重的代價。在基督教的巨大災難中，柏拉圖是那種被稱為"理想"的模棱兩可和迷惑力量，這種"理想"使得古代的高貴天性有可能誤解自己，走上通向"十字架"的**橋樑**……而在"教會"的概念中，在教會的組織、體制和實踐中，還有多少柏拉圖啊！── 我的康復，我的偏愛，我對各種柏拉圖主義的**治療**，一直是修昔底德。修昔底德，或許還有馬基雅維利筆下的君王，與我自己最為相近，因為我們都有這樣的絕對意志：即不自欺，**不在**"理性"中，更不在"道德"中，而是在**現實**中考察理性……對於卑劣地把希臘人美化為理想 ── 受到古典教育的年青人在文科中學接受生活訓練時，作為獎賞所得到的正是這種理想 ── 的做法，沒有比修昔底德的治療更為徹底的了。人們必須逐行讀他，並且像讀他的文字那樣清楚地讀出他的隱念：很少有這樣富含隱念的思想家。在他身上，**智者文化** —— 我要說**實在論者文化** —— 達到了完美表達：這個處於到處正在發生的蘇格拉底學派道德和理想欺騙之中的異常珍貴的運動。希臘哲學是希臘本能的**衰退**；修昔底德是植根於古希臘人本能中那種強大、嚴格、堅實的真實性的總和和最後顯現。在現實面前的**勇氣**最終把修昔底德和柏拉圖這樣的天性區分開來：柏拉圖在現實面前是一個膽小鬼 —— **所以**，他逃避到理想中去；修昔底德可以控制**自己** —— 所以，他也可以控制事物……

3

在希臘人那裏發現"美麗的心靈"、"中庸之道"以及其他完美特徵，比如，讚歎他們那驚人的平靜、完美的思想和高度的質樸 —— 我自身攜帶的心理學家保護了我，使我擺脫了這種"高度的質樸"，並最終擺脫了一種德國的愚蠢（niaiserie allemande）。我看到了他們的至強的本能，即權力意志，我看到他們懼怕這種本能的巨大威力，—— 我看到他們所有的公共機構都是由防護措施發展而來，目的是面對其內部的炸藥他們彼此獲得安全感。於是，內部的巨大緊張便以可怕的、無情的仇恨向外爆發：城邦之間相互殘殺，借此每個城邦的公民獲得了自身的安寧。人們需要成為強者：危險近在咫尺，到處都是危險。漂亮而靈活的身體、希臘人所具有的大膽的實在論和非道德主義，是一種**需要**，而不是一種"天性"。它僅僅是作為結果出現的，而不是從一開始就存在。人們通過節日和藝術也無非是要感覺到自己的強大，顯示自己的強大：它們是頌揚自己、也許是敬畏自己的手段……人們竟然以德國人的方式，根據希臘哲學家評價希臘人，譬如，用蘇格拉底學派的偽善解釋本質上屬於希臘的東西！……哲學家是希臘文化的頹廢派，是反對古老、高貴趣味的運動（反對競賽本能，反對城邦，反對種族的價值，反對血統的權威）。人們之所以鼓吹蘇格拉底的美德，是**因為**希臘人已經喪失了美德：敏感，怯懦，多變，全是偽君子，他們有太多的理由容忍道德說教。不是說這種說教管甚麼用，而是大話和高調非常適於頹廢派……

4

我是第一個為了理解古老而充沛甚至於泛濫的希臘本能而認真對待那個被稱為狄奧尼索斯的奇妙現象的人：它只有從力的**過量**才能得以說明。探究希臘人者（比如那個當今在世的最深刻的希臘文化鑒賞家即巴塞爾的雅可比·布克哈特[7]），馬上就知道，在這方面已經做了一些工作：布克哈特在其《希臘人的文化》一書中用單獨一章討論了上述現象。如果要了解相反的情況，那麼，人們應當看一看德國文獻學家們在接近狄奧尼索斯現象時那種近乎可笑的本能匱乏。特別是著名的洛貝

克[8]，他帶着書本間一個乾癟的蛀蟲那樣可敬的自信爬
進這個神秘狀態的世界，並且勸說自己為了科學之故，
輕浮、幼稚到噁心的地步，──洛貝克煞費苦心地使人
們理解這樣一點：所有這些奇妙的現象原本沒有任何意
義。事實上，祭司們可能向這些狂歡的參加者傳達了一
些並非毫無價值的東西，例如，酒引發慾望；人生活在
果實的環境中；植物在春季開花，在秋季枯萎。源於狂
歡的儀式、象徵和神話資源是如此驚人，古代世界到處
都留傳着這方面的文字記載，於是，洛貝克從中找到了
進一步展示其聰明才智的機會。"希臘人"，他在《阿革
勞法姆斯》(*Aglaophamus*，1829) 一書 (I, 672) 中如是
說，"他們沒有其他事情可做，於是歡笑、跳躍，他們四
處休息，或者，他們坐下來，痛哭、流淚（因為人有時
也想如此）。後來，**其他人**聚攏過來，為這種觸目驚心
的行為尋找隨便一種理由；於是，產生了用來解釋那些
風俗的無數節日傳說和神話。另一方面，人們相信，從
前在節日舉行的那種**滑稽表演**，必定也屬於節日慶典，
於是把它作為宗教儀式的必要部分記錄了下來。"──
這純屬無稽之談，人們片刻也不會認真對待洛貝克這樣的
人。當我們考察溫克爾曼[9]和歌德所形成的"希臘的"這
一概念，發現它與狄奧尼索斯藝術由之生長的要素即酒
神祭不相容之時，我們的感覺則完全不同。事實上，對下
述一點我毫不懷疑：歌德從根本上把這樣的東西從希臘

人的可能性之中排除出去了。**所以，歌德不理解希臘人。**
因為只有在狄奧尼索斯的神秘儀式中，在狄奧尼索斯狀
態的心理學中，希臘人本能的**基本事實** ── 他們的“生命
意志”── 才得以表達。希臘人用這些神秘儀式**擔保甚
麼？永恆的**生命，生命的永恆輪迴；在過去被預告、被敬
獻的將來；超越死亡和變化而對生命所作的勝利的肯定；
真正的生命即通過生殖、通過性的神秘儀式而達到的總
體的永生。因此，對希臘人而言，**性的象徵**是真正可敬的
象徵，是全部古代虔誠中真正深奧的思想。生殖、懷孕和
分娩行為中的每一個環節都會喚起最崇高、最莊嚴的情
感。在神秘教義中，**痛苦**被宣告為神聖的東西：“產婦的
痛苦”從根本上使痛苦神聖化了，── 一切生成和生長，
一切將來的擔保，均**以痛苦為條件**⋯⋯為了有恆久的創
造的樂趣，為了生命意志恆久地肯定自己，也就**必須恆**久
地有“產婦的痛苦”⋯⋯狄奧尼索斯一詞蘊涵了所有這些
意義：除了希臘人的這種象徵意義即狄奧尼索斯的象徵
意義，我不知道甚麼更高的象徵意義。在這種象徵中，至
深的生命本能、趨向生命之將來的本能、趨向生命之永
恆的本能，以宗教的方式被感覺到，── 通往生命之路，
生殖，作為**神聖之路**⋯⋯只有從根本上憎恨生命的基督教
才把性變成了某種污濁之物：它把污泥拋向開端，拋向我
們生命的前提之上⋯⋯

5

　　酒神狂歡體現了一種泛濫的生命感和力感，其中，甚至痛苦也成了**興奮劑**。這種狂歡的心理學為我提供了理解悲劇情感的鑰匙，這種情感不僅被亞理士多德誤解了，更被我們的悲觀主義者誤解了。悲劇遠沒有證明叔本華意義上希臘人的悲觀主義，毋寧說，它被視為這種悲觀主義的決定性否定和**反例**。甚至在其最陌生、最艱難的問題上也肯定生命，生命意志在其最高類型的犧牲中感受到自己生生不息的樂趣 —— 我把這叫做狄奧尼索斯式的，我猜想**這**才是通往悲劇詩人心理學的橋樑。**不是**為了擺脫恐懼和憐憫，不是為了通過激烈的爆發從一種危險的激動情緒中淨化自己（亞里士多德就是這樣理解的）：而是為了超越恐懼和憐憫，**成為**永恆的生成樂趣**本身**，——那種也把毀滅的樂趣包含於自身之中的樂趣……於是，我又來到了我以前由之出發的地方 ——《悲劇的誕生》是我對一切價值所作的第一次重新估價：於是，我又回到了我的意志、我的能力由之生長的大地上 —— 我，哲學家狄奧尼索斯的最後門徒[10]，—— 我，永恆輪迴的教師……

註釋

1　關於本章的形成，參看《瞧！這個人》的 "編註前言"。
2　薩盧斯特（Sallust，前 86-前 34）：古羅馬著名政治家和歷史學家。
3　科爾森（Wilhelm Paul Corssen，1820-1875）：德國語文學家，是尼采在普法塔（Pforta）中學期間的老師。
4　比青銅還持久。
5　賀拉斯（Quintus Horatius Flaccus，前 65-8）：古羅馬詩人、批評家，代表作有《詩藝》等。
6　豐特奈爾（B. Fontenelle，1657-1757）：法國科學家、文人，被伏爾泰稱為路易十四時代最多才多藝的人。
7　參看雅可比·布克哈特於 1889 年 11 月 29 日和 1894 年 12 月 8 日致西曼出版社（Seemann）的信，以及施特赫林（Felix Staehelin，1873-1952）為布克哈特的《希臘文化史》所寫的前言，斯圖加特，1930，XXIII 至 XXIX。
8　洛貝克（Christian August Lobeck，1781-1860）是德國語文學家，柯尼斯堡大學修辭學和古文獻學教授。
9　溫克爾曼（Johann Joachim Winckelmann，1717-1768）：德國考古學家、藝術學家，著有《古代藝術史》等。
10　參看《善惡的彼岸》第 295 頁。

錘子之言 [1]

——《查拉圖斯特拉如是說》(3 ， 90)

"為甚麼如此堅硬！"一次煤炭對金剛石說："難道我們不是近親？"

為甚麼如此軟弱？啊，我的弟兄們，我要問你們：難道你們不是 —— 我的兄弟？

為甚麼如此軟弱、如此退縮、如此沉淪？為甚麼你們心中有如此多的否認和放棄？為甚麼你們眼中有如此少的命運？

如果你們不想成為命運和強者：將來有一天你們怎麼能夠和我一起 —— 勝利？

如果你們的硬度不想閃光、切割和切斷：將來有一天你們怎麼能夠和我一起 —— 創造？

一切創造者都是堅硬的。你們必須把下面一點視為巨大的幸福：把你們的手按在千年之上，就像按在蠟塊兒上一般，——

—— 你們必須把下面一點視為巨大的幸福：在千年之意志上書寫，就像在青銅上書寫一般，—— 比青銅更堅硬，比青銅更名貴。惟有周身堅硬者才是最名貴者。

　　啊，我的弟兄們，我把這新榜置於你們的上方：堅硬起來吧！——

註釋

1　參看《查拉圖斯特拉如是説》第三部，"舊榜和新榜"，第 29 節。我們在為《敵基督者》結尾處 "反基督教之法" 所作的註解中指出，該文本本來被選定作為《敵基督者》的結尾。

附　尼采手稿和筆記簡寫表

　　WII 3 對開本。200 頁。計劃、構思、殘篇、摘錄。前 40 頁的極大部分殘篇由尼采本人標上了 301-372 的序號。1887 年 11 月至 1888 年 3 月。科利版第 13 卷：11。

　　WII 5 對開本。190 頁。計劃、構思、殘篇。1888 年春。科利版第 13 卷：14。

　　WII 6 對開本。146 頁。計劃、構思、殘篇。有關《瓦格納事件》、《偶像的黃昏》、《瞧，這個人》的筆記，1888 年春，1888 年 9、10 月。科利版第 13 卷：15、19、23。

　　WII 7 四開本。164 頁。計劃、構思、殘篇。有關《瓦格納事件》、《偶像的黃昏》的筆記，1888 年春至夏，1888 年 10 月。科利版第 13 卷：16、23。

　　WII 8 四開本。154 頁。計劃、構思、殘篇。有關《偶像的黃昏》、《敵基督者》、《瞧，這個人》的筆記。1888 年 5-6 月，1888 年 9-10 月，1889 年 1 月初。科利版第 13 卷：17、22、25。

　　WII 9 四開本。132 頁。計劃、構思、殘篇。有關《偶像的黃昏》、《瞧，這個人》的筆記。1888 年 5-6 月，9-10

月。科利版第 13 卷：17、19、24、25。

　　Mp XVI 4 散頁文件夾。有關《瓦格納事件》、《偶像的黃昏》、《敵基督者》、《瞧，這個人》的筆記。其他計劃和草案。1888 年 5-10 月。科利版第 13 卷：17、18、19、23。